The best way for raising independent children

自分で決められる子になる育て方ベスト

東京大学客員研究員・医師
柳澤綾子

サンマーク出版

はじめに

子どもに幸せになってほしい……
でも、どうやって幸せになるんだろう？

「子どもに幸せになってほしい」

きっと多くの親が抱く感情だと思います。

それでは、どうすれば子どもは幸せになれるのでしょうか？


私は医師として命の現場の最前線で働きながら、患者本人や家族が幸せについて考える場面を何度も目にしてきました。

しかし、いざ自分が子どもを育てる〝母〟という立場になって、わが子の幸せを考えたときに、「幸せになってほしい」とは思うのですが、「どうなることが幸せなのか」が全くわからないことに気がついたのです。

私は医師であると同時に大学で研究をする研究員でもあるので、その答えを科学が明らかにしているのではないかと、医学、社会学、教育学、経済学など、あらゆるジャンルの科学論文を読み漁《あさ》りました。

「どうしたら幸せになれるか」は、人それぞれ永遠に答えが出ません。

それでも、**子どもが「自分は幸せだと思えるためにできること」には答えがある**と気づいたのです。

「自分で決める」が人を幸せへと導く

さまざまな研究から、幸福感を決定する要因は主に3つあることがわかりました。

一つは、健康。もう一つは、人間関係。

そして、最後の一つは**自己決定**です。


神戸大学社会システムイノベーションセンターの西村和雄特命教授によると、実は所得や学歴といった多くの人が求めているものよりも、**自分で人生を選択することの方が幸福感を高めるのです**(1)。


人生は「選択」の連続です。

子どもたちのこれからの人生には、たくさんの「選択」が待ち構えています。

あなた自身の人生を思い返してみてください。

進学や就職、結婚といった大きなライフイベントはもちろん、住む場所、毎日の食事、休日に遊びに行くところ、風邪をひいたときに通う病院、保険など、毎年、毎月、毎日、毎時間、もしかしたら毎分のように「選択」し、自分で何かを決めていることでしょう。

ケンブリッジ大学のバーバラ・サハキアン教授の研究によると、人は1日に最大3万5000回の選択をしているそうです(2)。


ここで考えていただきたいのですが、子どもの選択〝すべて〟に親がついていてあげられますか?

ある程度幼い子であれば、親が決めてあげなくてはなりません。着る服や遊びに行く場所、何を食べるかなど、親が決めてあげることは無数にあります。

しかし、いつまでも親が決め続けるわけにはいきません。

子どもたちが歩む社会は、私たち親世代が生きてきた社会とはあらゆる面で変わってきています。必要なアドバイスはできたとしても、それがすべて正しいとはいえないでしょう。

何より、子どもが自発的に決められるようになると、親自身が楽になります。

結局、子ども自身が考え決めることで、子どもの人生は開け、本人の幸福感も高まるのです。

現時点で最も確かな親の関わり方を1冊に

現代のように情報網が発達していない時代は、子育ての先輩である祖父母や近所の経験者などからアドバイスを受けていたでしょう。

時代は進み、今では多数の育児書が出版され、有名な大学教授やカリスマ保育士さん、幼稚園の先生などのアドバイス動画が簡単に見られる時代になりました。


そんな中で、世界の科学もすごい勢いで進歩しています。たくさんのデータを統合するための研究手法が開発され、解析するパソコンのスペックも上がり、難しい統計の計算で、より精度の高い研究結果を導くことができるようになってきました。

そんな最新・最先端の科学の世界が、「幸せ」という漠然とした領域を解析し、そこに向かうために一番可能性の高い道を教えてくれ始めているのです。

本書では、**私が年間５００本以上読んでいる世界の最新・最先端の科学論文から、「自分で決められる子になる」ために、現時点までの研究で間違いないといえる内容**を凝縮してお伝えしています。

親が子どもとのコミュニケーションを変えると、「自分で決められる子」に着実に近づくことができます。

私自身、二児の母として医師・研究員の二足のわらじを履きながらドタバタ珍道中を歩んでいます。目まぐるしい毎日を支えてくれているのが、本書のもとになっている、世界中の科学者たちが探究している信頼度の高い情報です。私と同じように必死で子どもたちと向き合っているパパママなど保護者の方にとって少しでも、ヒントになればいいなと思っています。

乳幼児〜小学校高学年までが鍵

本書は、主に乳幼児から小学校高学年までの時期を重視しています。この年齢の子どもとの関わり方と、その科学的根拠をまとめています。これは、本書のタイトルにもなっている「自分で決められる子」になるためのベースを作る時期がこの年齢であるためです。

それ以降の中学生となる時期には、誰かが代わりに言ったり、やったりしてくれたことも、自分で決めて実行しなければいけない場面が格段に増えます。

だからこそ、乳幼児から小学校高学年までの期間に親がどのように接するかが鍵なのです。

自分で決められる子になるために必要な5つの力

本書は、自分で決められる子になるために必要な5つの力を身につける方法を、最新論文から導いていています。

❶ コミュニケーション力

ノーベル経済学賞も受賞しているアメリカの経済学者ハーバード・サイモン博士によると、意思決定を行う際には現状を把握した上で、問題の発見と識別をする必要があるそうです。問題の発見には、情報収集が欠かせません。子どもは積み重ねてきた経験値が圧倒的に足りません。ですから、持っている情報の量が少ないのです。情報を倍増させる一番手っ取り早い手段、それが他人の経験値を借りること。そのために必要な能力こそが、コミュニケーション力です。

❷ 思考力

コミュニケーション力を使って情報を集めた後に必要なのは、問題解決の方法の設定です。自分なりに目の前の問題への解決方法を考える必要があり、そのために必要なのが思考力なのです。

❸ 自己肯定感

解決方法を考えたら、手元にある手段の中から最適と思われる代替案を選ぶ必要があります。ここで自己肯定感が大きな役割を果たしているといわれています。自己肯定感が育っていると、自分が作った選択肢を信じ、自分で決めることができるようになるのです。

❹ 諦めない心

意思決定のために次に必要なプロセスは、選択した解決法の成果の評価と分析です。自分で決めた選択肢に自信が持てなかったり、間違えていたと思ったりしてしまうこともあります。その際に、子どもの頃から諦めない心を育むことができていれば、失敗したとしてもすぐに立ち直り、新しい問題へと立ち向かうことができるのです。

❺ 好きに突き進む情熱力

ここまでの4つの力を総合した力が、「好きに突き進む情熱力」です。この力を持っていると、自ら決める⇅好きなことがあるから突き進める、といういい循環を描けて、ますます自分で決められる人へと成長できるのです。

本書で叶える「3つの楽」

「はじめに」の最後に、本書の目的をあらためてお伝えします。それは、「自分で決められる子になる育て方」がわかることです。

ただ、私自身二児の母としての実感から、本書には2つ目の目的も用意しています。それは、**親であるあなた自身が楽になること**です。

そのためには、3つの段階を踏むといいのではないかと考えています。

❶ 今日から楽になります

「この悩みを抱えているのは私だけじゃなかったんだ！」「解決策があったんだ」という安心感で楽になります。

❷ 少し先に楽になります

本書にちりばめた、自分で決められる子になるためのヒントを実践することで、現時点で世界の研究論文が良いとおすすめしている支援型の子育て習慣が身につき、子どもの自立が促されます。

例えば、幼い子どもは一人でうまく靴を履けません。親が靴を履かせてあげられるとその場は楽ですが、いつまでも履かせ続けるわけにはいきませんよね。最初は時間がかかりますが、自分で履く努力を見守ってあげることができれば、長い目で見て親も子も楽になることは納得いただけると思います（急いでいる場合は無理せず履かせて抱っこして走りましょう笑)。

❸ 子どもが自立する頃に楽になります

先ほどもお伝えしたように、自分で決められるように育った子は、成人後も幸福感が高くなる傾向があるという研究結果が出ています。

また同様の研究で、「自分で決めてこなかった」という自覚が強い子の方が、成人後にメンタル不調を訴えることが多い傾向があることもわかってきています。つまり、自分で決められる子になれれば長い人生を自分の意思で切り開けて、親がただ見守るだけでよくなるのです。

本書でお伝えする方法に難しいものはありません。すべて世界の最新研究が太鼓判を押している実践しやすい具体策ですので、ぜひ今日から取り組んでみてください。

CONTENTS

第2章 思考力――目の前の問題に解決策を見つける力

第3章 自己肯定感 —— 自分を信じられる力

第4章 諦めない心――失敗から何度でも立ち直る力

第5章 好きに突き進む情熱力——一人で成長できるようになる力

第1章

コミュニケーション力

知識も経験も倍増させる力

コミュニケーション力を左右する親の言葉

脳科学的には子どものうちが伸ばしどき

「自分で決められる子」になるために必要な力その1は、**「コミュニケーション力」**です。

2017年にハーバード大学脳科学研究センターのサミュエル・ガーシュマン博士らのチームが発表した研究により、AIが苦手とし人間が得意とする能力が明らかになっています(1)。それは、**他人から得た情報と自分の経験を掛け算してシミュレーションする力**です。人間は自分の経験だけでなく、他人から得た情報からも物事の傾向や対策を考えられます。自分一人で経験できることは少ないですが、その能力により多くのことを体験し、学べるのです。

他人から得た情報と自分の経験を掛け算するために欠かせないのが、コミュニケーションです。確かなコミュニケーション力が身についていないと、人間ならではの能力を活かしきれないのです。

それでは、コミュニケーション力は生まれ持ったものなのでしょうか？　それとも後天的に訓練で身につくものなのでしょうか？　この疑問の答えは、「脳の構造」に隠されています。

脳は内側と外側で機能が異なります。脳の内側には、生命活動を円滑に行うために必要な機能が詰まっています。

反対に、脳の外側には人間が人間であるために必要な高度な機能があります。

コミュニケーション力を担っているのは、「前頭前野」と呼ばれる脳の外側の部位です。この前頭前野はゆっくりと成長し、思春期頃にピークを迎えるといわれています。

つまり、**子どもの頃にどれだけ前頭前野の機能を成長させ、コミュニケーション力を伸ばせるかが鍵**なのです。

否定的な言葉が子どもから語彙力を奪う

子どものコミュニケーション力を伸ばすために、親ができることは何か。

1992年にシカゴ大学の心理学者だったベッティ・ハート博士とトッド・リズリー博士が発表した研究がそのヒントを与えてくれます(2)。

この研究によると、**1～2歳の間に親から肯定的な言葉でたくさん話しかけられた子どもは、そうでない子よりも3歳になったときに覚えている語彙の数がおよそ2倍ある**そうです(現在も研究は継続中)。

また、子どもに肯定的な言葉かけをしながら育児を行っていた場合、そうでなかった場合と比較して、学童期（6〜12歳）以降の子どもの学力がアップしているという研究もあり、同様の結果が日本国内でも確認されています(3)。「汚いから触っちゃダメ」「危ないから登らないで」「時間がないからそんなこと言わないで」など、子どもと過ごしていると「子どもの行動を制限する言葉」を口にせざるを得ない場面もありますよね（私もよくあります涙）。

本当に危険な場合は止める必要がありますが、こうした言葉をかけられ続けると、子どもはコミュニケーション力を伸ばす機会を失い、やがて自分で感じたり、考えたりすることをしなくなってしまうのです。これでは「自分で決められる子」にはなれません。

それでは、どのような親子のコミュニケーションを使って子どものコミュニケーション力を伸ばしていけばいいのか。そのポイントを見ていきましょう。

子どもの話に
つい口を挟んでしまう

会話の黄金比は
「子ども9：親1」

コミュニケーション力アップの命運は「親の聞き方」にかかっていた

「今日ね、お砂場でこうすけ君がね、みんなで作ったお城をね、壊しちゃってね、ゆりこちゃんがね、『えーんえーん』ってなっちゃったんだ。でね、みんなも一緒にね、『えーんえーん』ってしちゃったんだよ」

幼稚園から帰ってきた子どもが、今日の出来事を話してくれました。こういうとき、あなたはどうやって子どもの話を聞きますか？

「それはこうすけ君が良くないよ！」「砂のお城はどうなったの？」「先生はなんて言っていたの？」など、こんなふうにいろいろと聞きたくなってしまいませんか？

人の話をしっかり聞くのは大変ですよね。特に子どもは要点を整理して筋道を立てて話す能力が未発達ですから、仕事や家事に忙しい私たち親にとっては、途方もなく長い時間に感じられてしまいます。

でも、**「親が話をしっかり聞くこと」が、子どものコミュニケーション力を伸ばすために一番必要な方法**だと知ったらどうでしょうか?

親がたった数分手を止めて、子どもの話を聞くことに徹する。この時間が子どもにとっては、「自分の話をしっかり受け止めてくれている」と感じられるとても大切な時間になります。

子どもは受け止めてもらえることの安心感と信頼感から、他者を受け入れる姿勢を自然と手に入れます。これによって、将来のコミュニケーション力の土台が形成されるのです。

親子の会話原則は「子ども9：親1」

毎日忙しくて、なかなか子どもの話を聞く時間が取れないという方は、周囲にいる「聞き上手な人」を思い浮かべてみてください。彼らは何ができているのでしょうか？

話の聞き方には、パッシブリスニング（受け身の聞き方）と、**アクティブリスニング**（双方向の聞き方）の2種類があります。

パッシブリスニングとは、相手の話を聞く側に徹し、こちらから発言をしないタイプの聞き方です。適度な相槌《あいづち》やうなずきなどはあるかもしれませんが、基本的には黙って話を聞きます。

アクティブリスニングとは、1957年にアメリカの臨床心理学者カール・ロジャース博士が提唱した相手の話を聞くときの姿勢や態度、聞き方の技術です(4)。相手が発する言葉だけでなく、その奥にある感情や気持ちの変化まで、会話から読み取ろうとする聞き方だといわれています。これこそが、「聞き上手な人」の話の聞き方です。

最近の研究では、アクティブリスニングで話を聞けるようになると、理解力がアップし、自分に自信が持てたり、友人関係が良好になったり、メンタルが安定したりするといわれています。コミュニケーションが円滑に進むだけでなく、成績や自己肯定感アップにまでつながる聞き方です。

つまり、相手の話を聞く際にはただ聞くだけではなく、**「積極的に話を理解しにいく姿勢や返答」**が必要なのです。

ここから導かれる子どもとの会話の原則が、**「子ども9：親1」**です。

これは、子どもと親の話す割合を示しています。会話の9割は子どもに話させてあげてください。親はその話を聞くことに徹し、残りの1割で返答をしてあげるのです。

子どもが話したいことを親が潰してはいけない

ところがこの原則、実際にやってみると難しいのです！

子どもの話は要領を得ない、あちこちに話題が飛ぶ、単語が出てこないなど、さまざまな理由で、忙しい大人には実際よりも何十倍もの体感時間を要するでしょう。

また、親は自分の子どものこととなると、「うちの子はこういう子だ」という先入観を抱いてしまいがちです。そのため、子どもが話し始めた段階で親の持つイメージをもとに、**勝手に話の行き着く先を予想して聞いてしまう**傾向もあるのです。

今回のケースでも、無意識のうちに「うちの子はきっとお城を壊されて泣いたんだろうな」「先生に言いつけに行ったんだろうな」などと、子どもが話す出来事を予想して、先回りしてしまう傾向があるのです。

ですから、砂場での体験を話すわが子の話の途中で、「悲しかったね」「悔しかったね」「また作ろうね」といった返答をして、子どもの話を遮ってしまいがちなのです。

実は、ここがなかなか気づけない大きな落とし穴。

専門的な言葉を使うと、**「認知バイアスによって、親が子どもの話をきちんと聞いていない」**という例なのです。「認知バイアス」とは物事を判断する場面で、直感や以前までの経験に基づく先入観、他人からの影響などといった直接関係のない理由によって、論理的な考え方が妨げられてしまうという脳のクセのこと。

実は、よく話を聞いてみると、「壊れた砂のお城から探していた犬のおもちゃが出てきて嬉《うれ》しかった」という結論となるかもしれません。

最後まで話を聞いてもらえなかった子どもからすると、「話を聞いてもらえなかった上に、悲しかったわけじゃないのに決めつけられた」「どうせまた言っても聞いてくれないし、わかってくれない」という思考回路に陥ってしまいます。こう考えると「バイアス」による決めつけ、意外と怖いですよね。

私も時間がないと、「そっか、大変だったね！」などと共感っぽいことを言って話を区切りたくなりがちですが、それがこんな弊害を生むなんて……。

最初は「聞き役タイム」を決める

忙しい日々の中で、常に「子ども9：親1」を心がけるのは大変です。

現実的なおすすめの方法は、**聞き役に徹する時間の目安を決めること。**

例えば、夕食の準備をしながら子どもの話を聞くとしたら、「お米を研ぎ終わるまでは絶対に聞き役に徹する」と決めたり、「玉ねぎを切り終わるまでは聞き続けるぞ」と決めたりして、聞き役に徹する時間を作ってみるのはどうでしょうか。

ほんの2〜3分の時間なのですが、初めのうちはびっくりするくらい時間が長く感じると思います。ですが、この小さな積み重ねが子どものコミュニケーション力を伸ばすことにつながるのです。

「聞き役に徹するといっても、どうやって聞いたらいいかわからない」という方は、ぜひ次項からの内容も参考にしてください。

子どもにやめてほしいこと、どうすればちゃんと伝わる？

「気持ち」は認める「行動」は注意する

思わず叱ってしまう前に考えてほしいこと

「今日ね、友だちと一緒に階段から上ばきを落としてみんなで大笑いしてたら、先生にすんごい怒られたんだよー。でも楽しかったんだー！」

学校から帰ってきた小学2年生の息子からこの話を聞いた母親は、思わずこう答えました。

「そんなことして下にいる人に当たったりしたらどうするの！　危ないことしちゃダメって、いつも言っているじゃない！」

確かに階段の下に人がいたら危ないし、やってはいけないことです。その場に学校の先生がいたら、同じように注意してくれたでしょう。「今叱らないと、同じことをして誰かに怪我《けが》でもさせたら大変！」と気が気じゃないと思います。

こうした「思わず叱ってしまう」場面にも、アクティブリスニングの観点から子どものコミュニケーション力を伸ばすチャンスがあります。

ここに潜む問題点は、息子の詳しい話を聞かずにお母さんが「アドバイス」してしまっていること。

大人同士の会話で考えてみましょう。大人は置かれている立場が違うため、まずは相手の話を聞き、状況を理解しようと努めます。前後の事情を聞かずにいきなり叱りませんよね。

しかし、これが自分の子どもや家族といった距離の近い人になるほど、私たちはついアドバイスをしたくなってしまいます。

特に自分の子どもに対しては、親自身に子どもだった経験のない人はいないため、過去の自分の経験に基づいて、「子どもはこうでないといけない」「これをしてはいけない」などと、無意識の思い込みから**「求められていないアドバ**

イス」をしてしまいがちなのです。

アクティブリスニングで大切なことは、話をしている相手の状況や話の内容に理解を示し、共感してしっかり聞き込むことです。

ここに、話し手の話が正しいか間違っているか、いいことか悪いことかといったジャッジをするという行為は含まれていないのです（もちろん親として物事の善悪や危険な行動について指導しなければいけないという点を置き去りにしているわけではないので、ご安心ください）。

注意する前にまずは「気持ち」を要約

それでは、今回のケースではアドバイスの前にどのように答えたら良かったのでしょうか。ここでポイントになるキーワードが「パラフレーズ」です。

パラフレーズとは、アクティブリスニングの聞き方のテクニックの一つで、**聞いた話をまとめて言い換えたり、要約したりする手法**を指します。

今回のケースでは、叱りたくなるところをぐっと我慢し、まず話を最後まで聞きます。ここは前項の「子ども9：親1」の原則と同じです。次に、パラフレーズの技法を使うと、こうなります。

「そうだったのね。みんなで一つのことで笑い合えて楽しかったね」

子どもが「楽しかった」と話していた内容を要約して、言いたいことを最後まで話させるのです。一通り子どもの話をしっかり聞いてあげた後は、「でも、下に人がいたらどうだったかな？」といったようにその行動が「客観的にどうだったのか」を聞いてみましょう。自分から「危なかったから良くないことだった」「次は気をつける」と言ってくれるはずです。

自ら考え、答えを見つけ出すこの過程が、コミュニケーション力を高め、自分で決められる子に近づくための一歩となるのです。

「大したことないよ！」で励まさない

共感＋質問でOK！

励ますつもりが落ち込ませてしまう⁉

「今日の体育で、リレーのバトン落としちゃったの。私が落とすまでは一番だったのに、私のせいで負けちゃった……。もう学校行きたくない。みんなの顔見たくないよ……」

来週に控えた運動会のクラス対抗リレーを楽しみにしていた次女。練習でうまくいかなかったようで、落ち込んでいます。そこで、励ますつもりでこう声をかけました。

「わかるよ。ママもリレーのバトン落としたことあるよ。しかも落としたバトンに乗っちゃって派手に転んで、学校中から大爆笑されちゃったよ。でも、そんなの大したことないよ！　ママだってその後も楽しく学校に行けたんだから！　大丈夫大丈夫！」

この言葉を聞いた次女、一層心を閉ざしてしまった感じがします。なぜでしょう……。

こんな相談を受けたことがあります。

いいお母さんですね。きっと明るく楽しいご家庭なのだろうと思います。

でも今回のケースには、実はアクティブリスニングで「ハマりがちな落とし穴」が隠れています。

親の「よくあること」は、子どもの「一大事」

前回のケースで、アクティブリスニングには「共感が大事」とお伝えしました。今回のケースでは、共感を示せているように思えます。

しかし、ここに「ハマりがちな落とし穴」があります。それは、**安易に「わ**

かるよ！」と言ってしまうことなのです。

親からすると数十年の人生経験から「些細《ささい》な失敗」と思えても、子どもにとっては、「人生最大の事件」だと感じていることは少なくないものです。

子どもの頃を思い返してください。クラスメイトとの小さなケンカも、宿題をやり忘れてしまったことも、大事件に感じていませんでしたか？

しかも問題は、「わかるよ」「大丈夫！」これらのフレーズです。子どもを励ましたいときに、つい言いがちな言葉ですが、これも子どもにとって逆効果になる可能性があります。

簡単に「わかるよ」「大丈夫！」と言ってしまうと、「そんな簡単なことじゃない！」「親はどうせわかってくれない！」などと、**共感ではなく「軽く考えているだけ」と感じられてしまうこともある**のです。この共感のようでいて共感ではない言葉が、子どもが心を閉ざしてしまう原因にもなりかねません。

共感＋深掘りで気持ちが通じる

こんなときには、アクティブリスニングで話を聞くときに役に立つテクニック、**「話を深掘りする質問」**を使ってみるのがおすすめです。

今回のケースで深掘りする質問をしてみると、こうなります。

「それは辛《つら》かったね。ママも子どもの頃に似たような状況で辛い思いをしたことがあるよ」

これが最初の一言です。まずは「共感」ですね。「辛い」という気持ちに共感していることをはっきりと示してあげるのです。

気持ちに共感してあげた後は、「深掘りする質問」です。「辛いと思うのは、どうしてかな？」といった、**内面を深掘りするような質問**が効果的です。

親から日常的に「共感＋深掘り」で質問されている子どもは、自然と友だちと話をするときに、「共感＋深掘り」のステップを踏むことに慣れていきます。親が子どもに「共感＋深掘り」の順で話す習慣を身につけると、子どものコミュニケーション力も育つのです。


「共感＋深掘り」は次のような応用も利きます。例えば、「習い事の練習をやりたくない」と言っているような場合。

「みんな遊んでるし、練習しないで遊びたいよね」といったように、まずは「やりたくないという気持ちはわかる」という共感を示します。

その上で、「でもせっかく半年頑張ってきたピアノの発表会が明後日あるんだから、今日は練習した方がいいんじゃないかな」と、しっかりと伝えましょう。共感した上で理由を説明する方が、子どもは受け入れやすいのです。

今日からできるコミュニケーション力を伸ばす習慣

ここまで、子どものコミュニケーション力を伸ばすために科学的に有効なアクティブリスニングの原則を紹介してきました。ここからは、発達段階別に日々の暮らしに取り入れられる習慣を世界の最新研究からご紹介します。

3〜6歳

コミュニケーションの土台を作る

「どうせ無駄」だけは絶対避ける

親子のコミュニケーションで最も避けるべきこと。それは、**「どうせ話しても聞いてもらえない」と子どもに思わせてしまうこと**です。

この「どうせ聞いてくれない」「どうせ無駄」という感覚を**「学習性無力感」**といいます(5)。

学習性無力感とは、ペンシルバニア大学の心理学教授であった心理学者のマーティン・セリグマン博士が1967年に動物実験の結果から提唱した概念です。長期間にわたり逃れられない苦痛やストレスにさらされ続けると、「何をやっても状況を改善できない」という感覚を学習してしまい、そこから逃れようとする努力を放棄し、無反応になってしまう現象を指します。

親がアクティブリスニングに徹し、子どもに話す機会をたくさん作ってあげれば、子どもが学習性無力感を抱くことはありません。

今日からは、子ども自身が「話したい」と感じる機会を増やすことを第一に考えるようにしてみましょう。

まずは1分！　あなたがあなたを甘やかして

子ども自身が話す機会を持つ。そのときに忘れてはいけない視点があります。それは、**「親の心の健康」**です。

親の心の健康は、子どもの心身の健康に影響を及ぼします。2020年にトロント大学の小児病院から発表された研究によると、「子どもとの関わりにストレスを感じていた」と答えた両親を持つ子どもは、3歳時点で友だちとの関わりや感情コントロールに問題を抱える可能性が、そうでない子と比べて2倍近く高くなるといいます(6)。

また、2021年にテキサス健康科学大学の心理学者らが発表した研究結果でも、不安を抱えている親を持つ子どもがうつ症状や不安感を抱く可能性に言及しています(7)。

それでは、親として何を心がけたらいいのでしょうか。

親自身が心の健康を保てていないと、つい子どもの話を遮ったり、ながら聞きしたりしてしまいます。

それらを防ぐために、**「自分自身を甘やかすこと」**を意識してみてください。小さなことから始めてみましょう。こっそりと好きなお菓子を食べたり、トイレにこもって推しの画像や動画を見たり、自分なりに自分を甘やかして適度に気を抜きながら子どもと向き合って話を聞いてみましょう。


子どもが複数人いる方は、一人あたりの時間を短くしてもいいので、必ず一人ひとりに対応する時間を作るように心がけると良いと思います。できる範囲で最大限の「聞く姿勢」を示すことがアクティブリスニングの入り口になるのです。

食事中はスマホを手の届かないところに置く

食事中に親がデジタルデバイス（スマホ）を手にした場合としなかった場合を観察した実験があります。

2015年にボストンの小児行動学の研究者たちにより報告された研究によると、デジタルデバイスを手にした場合の方が、手にしなかった場合と比較して食事中の子どもへの言葉かけや、反応、口をつけていない食事に対する促しなどが少なくなる傾向が見られたそうです(8)。

スマホを見ることで親からのコミュニケーションが減れば、子どもは「自分よりもスマホの方が大切な存在なのだろう」と思ってしまいかねません。無意識に手を伸ばしてしまう可能性を減らす上でも、せめて食事中は普段いる場所からすぐに手が届かないところに置いておくようにしましょう。

7〜9歳

コミュニケーションが「外」へと向かう

身内以外の大人との会話をセッティング

家族や親族などの身内以外の大人と話して、外に向けてのコミュニケーション力を育みましょう。

まずは、お店の店員さんや図書館の司書の方、動物園や大きな公園のインフォメーションセンターの方などに、自分の言葉で話をする訓練をしていきましょう（もちろん、たくさん人が並んでいるような状況は避けながら）。

こうした場所では、話しかけるタイミング、自分がしてほしいこと、してほしいことがどうすれば伝わるかなど、子ども自身が考えるチャンスがたくさん埋もれています。くれぐれも親が代弁してしまわないように心がけましょう。

また、子どものコミュニケーション力に応じて、レベルアップしていく方法もあります。

動物園を例に考えてみましょう。

初めは、チケット売り場でチケットを買うような短い会話がおすすめです。「子ども2枚と大人2枚ください」といったようなイメージです。

段々と慣れてきたら、「お昼ご飯までにライオンとゴリラを見たいです。おすすめの周り方を教えてください」といったように、自分が思っていることを伝えつつ、相手の意見を聞き出すコミュニケーションに挑戦してみましょう。

自分から挨拶する子になる魔法の言葉かけ

コミュニケーションの基本といえば挨拶ですよね。幼児期（1〜6歳）には大きな声でできていた挨拶が、周りの目を気にし始めるこの年頃から少しためらうようになりがちです。

ためらいがちになるのは、コミュニケーションに相手がいることを認識してくる時期だから。「大きな声で挨拶するのは恥ずかしいな」「挨拶したら相手は喜んでくれるかな？」こんな思いが、子どもの頭には巡っているのです。

挨拶はコミュニケーションを図るせっかくの機会です。ここでも、44ページでお伝えした**「共感＋深掘り」の技術**が活躍します。

「大きな声で挨拶するのは恥ずかしいよね」と共感を示した上で、「でも、挨拶ってしてもらえたら気持ちがいいから、自分からしてみようか」とそっと提案してあげるといいでしょう。

「挨拶しなさい」と強制するのではなく、あくまでも子ども自身が「自分で考えて、決めたから挨拶している」という思いを抱けるようにしましょう。

読み終わった本のプレゼン大会を開催！

本を読んでそのまま終わりにするのではなく、「読み終わったら、この本について一緒に話そうね」などと約束をして、本の内容や感じたことをプレゼンしてもらいましょう。

人に伝えることを前提にして読むと、ポイントとなる部分を意識しながら読み進めることができるようになるといわれています。

それができるようになってきたら、家族みんなでそのプレゼンをシェアして、意見交換をしてみましょう。

1冊の本を読むのにもさまざまな視点があること、意見には多様性があること、感じ方は家族ですらも違うことを知られて、コミュニケーションに幅と多様性を生み出せます。

10〜12歳

大人のコミュニケーションへの準備

欧米教育の常識「show&tell」を家庭に導入する

欧米の教育現場では、「show&tell」という時間があります。これは、自分の好きなものや事柄について短いプレゼンを行う時間のこと。日本の「朝の会（ホームルーム）」に近いイメージの時間帯に行われます。

積極的に手を挙げて発言できる力は、コミュニケーション力の向上のみならず、この後に出てくる「自己肯定感」や「諦めない心」などにもつながっているといわれています。

この「show&tell」は家庭でも子どもがプレゼンする機会を作ることで取り入れることができます。

お題「自分について」をプレゼン

時間を取って、自分自身についてどんなテーマでもいいので発表してもらいましょう。初めは家族の中などの少ない人数で練習をして、少しずつ慣れてきたら段々と場所や規模を拡大していく方法がおすすめです。

例えば、**夕食の後の時間などに、今日発見したことについて家族で一人ずつ30秒くらいで発表してみる**のもいいでしょう。慣れてきたら時間を1分、3分、5分と延ばしてみたり、「いつ、誰が、どこで、何を、なぜ、どのように」を組み入れるなどのルールを作ってみると、話す力が向上します。

プレゼンを質問で深化させよう

自分に興味を持ってくれている人に悪い感情を抱くことは少ないといわれて

います。コミュニケーションとは一方的に話すものではなく相互のやり取りですから、家族内でのプレゼンに慣れてきたら、聞き手が質問するようにしましょう。

深掘りの質問をして能動的に会話に参加してくれると感じることは、双方にとっていい影響をもたらすといわれています。話している自分では気づけなかった視点に気づけたり、聞き手はこの後に「質問をする」と意識して聞くことで、話を深く聞く習慣を身につけられるのです。

お題「近未来の自分」で真剣ディスカッション

第1章の総まとめともいえる具体策です。

これから自分が何をやりたいのか、やるべきなのか、そのためにはどうしたらいいのかを具体的に考えて、子どもに話してもらいましょう。子どもの希望を聞いたら、「親に何をしてほしいのか」もディスカッションしてみましょう。
コミュニケーションは、①自分の立場、考えなどを適切に把握し、②自らの考えを整理し、③それを適切な方法と手段で相手に要約して伝え、④双方向の理解を得ることが求められます。

まずは身近な人たちとの練習を通じて、この訓練をしていくようにしましょう。なかなか家族内でゆっくり話をすることもないと思いますので、いい機会だと思って、楽しみながら取り組んでもらえればいいですね。

例えば、塾に行くか行かないかを話し合うとします。
「私はどうしてもサッカーを続けたいので中学受験はしたくないです。だから塾には行きたくないです！」「サッカーの強い中学校に行きたいので、そのためにお友だちの〇〇君が行っているあの塾に行きたいです」などのように、意見をまとめて、子ども自身の言葉で希望を伝えてもらいましょう。

「この辺りの子は誰も塾には行っていないのに、どうして自分だけ行かなくてはいけないのか、お母さん説明してください」など、親が説明を求められる場合もあるはずです。しっかりとディスカッションできると、よりよい効果が望めるでしょう。

【はじめに】

(1) https://www.rieti.go.jp/jp/publications/rd/126.html

(2) Sahakian, B. J. Labuzetta, J. N. (2013). *Bad moves: how decision making goes wrong, and the ethics of smart drugs*. London: Oxford University Press.

【第1章】

(1) Lake B.M, Ullman T.D, Tenenbaum J.B, Gershman S.J. Building machines that learn and think like people. *Behav Brain Sci*. 2017 Jan;40:e253. doi: 10.1017/S0140525X16001837. Epub 2016 Nov 24. PMID: 27881212.

(2) Hart, B., & Risley, T. R. (1992). American parenting of language-learning children: Persisting differences in family-child interactions observed in natural home environments. *Developmental Psychology*, 28(6), 1096-1105.

(3) Pace, A., Alper, R., Burchinal, M. R., Golinkoff, R. M., & Hirsh-Pasek, K. (2019). Measuring success: Within and cross-domain predictors of academic and social trajectories in elementary school. *Early Childhood Research Quarterly*, 46, 112-125

(4) ロバーツ・D・ナイ『臨床心理学の源流―フロイト・スキナー・ロージャズ』二瓶社

(5) Abrarson, L.Y., Garber, J., & Seligman, M.E.P.1980 Learned helplessness in humans: An attributional analysis. In J., Garber, & M.E.P. Seligman (eds.) *Human helplessness: Theory and applications*. Academic Press. p.3-34.

(6) Hattangadi, N., Cost, K.T., Birken, C.S. et al. Parenting stress during infancy is a risk factor for mental health problems in 3-year-old children. *BMC Public Health* 20, 1726 (2020).

(7) Daundasekara, S. S., Beauchamp, J. E. S., & Hernandez, D. C. (2021). Parenting stress mediates the longitudinal effect of maternal depression on child anxiety/depressive symptoms. *Journal of Affective Disorders*, 295, 33-39.

(8) Radesky J, Miller A.L, Rosenblum K.L, Appugliese D, Kaciroti N, Lumeng J.C. Maternal mobile device use during a structured parent-child interaction task. *Acad Pediatr*. 2015 Mar-Apr;15(2):238-44. doi: 10.1016/j.acap.2014.10.001. Epub 2014 Nov 22. PMID: 25454369; PMCID: PMC4355325.

第2章

思考力

目の前の問題に解決策を見つける力

複雑な社会を生き抜くための力こそ思考力だ

親世代より「確実に」大変な子どもたち

自分で決められる子になるために必要な力その2は、**「思考力」**です。思考力を鍛えると、複雑な物事を論理的に整理して課題を見つけ出し、自ら解決する方法を探れるようになります。

さらに今後の社会は、ＡＩをはじめとしたテクノロジーも進化し、私たち親世代では予想もつかない変化が起こり得ます。将来の変化が予測しにくくなってきた現代においては、自分で考えて行動に移せる力が必要となってくるといわれているのです。

コンピュテーショナル・シンキング（計算論的思考）という概念があります。2006年にカーネギーメロン大学のコンピュータ・サイエンス学部長であったジャネット・ウィング博士が提唱したものです(1)。

これは、今後ますますコンピュータとの共存が必須となってくる社会において、**一連の工程の中で人間がどの段階でコンピュータに任せると最速最善のパフォーマンスを生み出せるかを考える力**のことです。

OECD（経済協力開発機構）が3年に一度実施する「PISA」と呼ばれる国際的な学習到達度調査では、「数学的リテラシー」としてコンピュテーショナル・シンキングの力を測る問題が2022年から追加されています。このことからも、未来を生きていく上でのこの力の重要度がうかがえるでしょう。

考える力がないと生き残れない？

　また、日本国内を見ても2020年から始まった新しい学習指導要領では、「新しい時代を生きる子どもたちに必要な力」として3つの柱が掲げられています(2)。

① 実際の社会や生活で生きて働く知識及び技能
② 学んだことを人生や社会に生かそうとする学びに向かう力、人間性など
③ 未知の状況にも対応できる思考力、判断力、表現力など

　気候の変化やそれへの対応を例に、この3つの柱を整理してみましょう。

❶実際の社会や生活で生きて働く知識及び技能

なぜ冬は寒くなるのか、寒いとなぜ作物が育たないのか、作物が育たない季節はどうしたらいいのかといった生活に必要な知識と技能。

❷学んだことを人生や社会に生かそうとする学びに向かう力、人間性など

作物が育たない時期にもおいしく栄養のあるものを食べるにはどうすればいいのか。寒くないように暮らすために協力しあう社会的活動。

❸未知の状況にも対応できる思考力、判断力、表現力など

急な大雨や洪水が起こっても、何をすべきか判断して適切に動ける力。

さすがにこんな石器時代のような生活を想定しているわけではないと思いま

すが、ただの座学ではなく問題点を見つけたり、話し合って解決策を導き出したり、実践・検証・改善を繰り返したりする実際の社会での流れを学習させたいという決意の表れなのだと思います。

こうした狙いは前述のコンピュテーショナル・シンキングとも一致していますね。

このように、自ら問題を見つけ、論理的に解決へと導く思考力はどのように身につけるか。そのためには、専門的な教育が必要なわけではありません。日頃の子どもとの接し方の中でできることがたくさんあるのです。

「恥ずかしいでしょ！」では伝わりません

ボロボロこぼして
恥ずかしい
でしょ！

「小さな選択肢」で考える力が育つ

エプロン使う？
小さいお皿
使う？

「恥ずかしい」のは誰……？

「どうして小学2年生にもなったのに、ボロボロこぼして食べるの？　恥ずかしいからもうレストラン連れて来ないからね」

いつもより少しいいお洋服を着て、おしゃれな靴を履き、ウキウキと外食に出かけたのも束の間、落ち着きのない子どもについ余計な一言を言ってしまう。でも、この「恥ずかしい」という一言が、実は自分で考える力を奪ってしまうとしたら……。

「子どもが○○をできなくて恥ずかしい」という発言ですが、実はこの裏には**「しっかりしつけていない親だと思われると〝私が〟恥ずかしい」**という気持ちが隠れています。子どものためを思っているようでいて、**自分への評価を気**

にしてしまっていることがほとんどなのです。これでは自分と子どもの存在が思考の中で混ざってしまっています。ここが、第2章の大事なポイントになります。

そもそも親と子どもは全く別の人間

子どもに「考える力をつけてほしい」と思っているのであれば、最初に気をつけなければいけないことがあります。

「自分と子どもは別の人間である」と自覚することです。

これまでの教育学や心理学のたくさんの研究から、「羞恥心」や「罪悪感」を使って脅すことで行うしつけが、さまざまな身体的・心理的な発達上の弊害を生むことがわかってきています(3)(4)(5)(6)。

2006年に行われたバージニアコモンウェルス大学の心理学部の研究者らが行った47の論文を統合分析した研究（メタアナリシス）では、保護者が子どもを拒絶・放置することよりも、**さまざまな理由をつけてコントロールすることの方が、子どもの心に不安感や不安定感を植えつける可能性が高くなる**ことが示唆されています(7)。

羞恥心や罪悪感を使うと、子どもをコントロールしやすくなるように思えてしまいます。「警察に捕まっちゃうからね！」「鬼が来るよ！」といった脅しを使うパターンも同様です。その場では言うことを聞いてくれることも多いでしょう。しかし、長期的には悪影響の方が大きくなってしまい、自分で考える力を奪うことにつながります。

この順番で思考力がぐんぐん伸びる

それでは、一体どうするのがいいのでしょうか。
自分で考える力を育てるのに必要なのは、次の3つといわれています。

① 共感
② 説明
③ 自己決定

今回のレストランでの子どものふるまいに合わせて考えてみましょう。

1 共感

まずは、子どもは大人のように器用に食器を使って食事ができないこと、それは年齢とともに改善することを理解します。
例：「レストランのご飯はきれいに切り揃《そろ》えられていて、ママがお家で切った野菜よりも細かいからこぼしちゃうよね」

❷ 説明

次に説明です。子どもにとっては難しくても、食事をこぼしてほしくない理由、こぼさない方がいい理由を説明します。
例：「でも、せっかくみんなでご飯を食べにきているから、こぼさないように努力したいね」

❸ 自己決定

最後は、子ども自身が行動を決められるように選択肢を提示しましょう。
例：「こぼさないで食べるためには、どうしたらいいかな？　エプロンしてみる？　それとも小さいお皿を使ってみようか？」

子どもは小さなことでも選択肢があると「自分で決めた！」ということに納得感と満足感を覚えます。ですから「自分で決めた！」と感じられる小さな「選択と決定」を各所にちりばめることで、考える力をつける訓練になっていくのです。

「小さなお皿に取り分けて、もう少し自分の近くに寄せたらこぼれなくなるかもしれない」ということを自分で選んで実行する。その上でこぼさずに食べられたという小さな成功体験まで一緒についてきて、いいことずくめですよね。

また、親にとってもこぼさないでいてくれた方が、掃除も洗濯も楽になるという2つ目のメリットも潜んでいます。

「一番ですごい！」がプレッシャーに……

「比較」は×「努力」を褒める

良かれと思って潰してしまう「好き」の気持ち

「あなたは本当になんでもできるわねぇ、すごいわ！　かけっこもクラスで一番だったから、次の走り幅跳びも一番になれるね。楽しみにしてるね！」

運動が得意な息子を褒める母親。一見素敵な親子関係に思えます。

でも実はこの褒め方、長期的に見ると自信を喪失させ、精神的な発達に悪影響を与えてしまう可能性があるのです。

母親は子どもが喜ぶと思い、悪気なく一生懸命褒めていますが、実はこんな問題点が潜んでいます。

- かけっこそのものが好きで頑張っていたはずが、母親からの「一番ですごい」「楽しみにしている（期待している）」の言葉で、「負けるところを見ら

れてはいけない」「がっかりさせたくない」「見せたくない」と感じるようになる

- 負けそうな相手とは勝負しなくなる
- 負けてしまった場合、母親に隠すようになる

このように、本来はかけっこが大好きだったはずの息子の「好き」も奪ってしまうことになり、「母親の期待に応えたいから頑張る」といった本来の目的とは異なったものに変化してしまうのです。

第2章のテーマである「自分で考える力」を育むために大切なことは、子ども自身が**「自分がどうしたいのか」**を考えられること。すべてのベースはここにあります。

「ママが喜ぶから」、これももちろん立派なモチベーションにはなるのですが、

一時的もしくは短期的な動機づけになる可能性が高く、「自分で考える力を育む」という点には合致しないのです。

自分で見つけた好きの気持ちや、自発的にやりたいと感じていたことが、母親からの愛の込もった何気ない一言で消されてしまうとしたら、こんなに残念なことはないと思いませんか？

「一番」を褒めてもやる気は出ない

これまでの研究から、**①能力や結果を褒めること、②他者との比較で褒めることはおすすめできない**ことがわかってきています。

有名なものとしては、スタンフォード大学のキャロル・S・ドゥエック教授の研究があります(8)。この実験では思春期の子ども数百人を対象に、難しい問題10問を解かせます。その後、子どもたちを、①能力を褒められたグループ、②努力を褒められたグループの2つに分けます。

次に、それぞれのグループの子どもたちに、先ほどやった問題よりも難しいテストと簡単なテストの2種類の選択肢を与え、どちらか好きな方を選ぶように指示を出します。ここで、興味深い違いが出るのです。

能力を褒められたグループでは、70％近くが簡単な問題を選びました。一方、努力を褒められたグループでは、90％が難しい問題にチャレンジする方を選んだのです。能力を褒められたグループでは評価を気にしてしまうため、簡単な問題を解いて自分の能力が高いことを示そうとします。**努力を褒められたグループでは努力を示せる方、チャレンジを恐れない心意気を示せる方に興味がいくようになる**のです。

今回のケースのように「クラスで一番だったね」とか「みんなよりも上手に

できていたね」といった相対評価や社会的評価に頼った比較の褒め方は、短期的なモチベーションアップには効果を発揮します。しかし、最終的には子どもが考える力を伸ばす結果にならないとわかってきています。なぜなら比較の褒め方は、比較対象が変化した場合、容易に結果が変わってしまうからです。

例えば、塾のクラスで一番の成績を取り、一つ上のクラスに上がれたとします。「クラスで一番になってすごいね!」と褒められたとしても、上がった先のクラスではすぐには一番になれないでしょう。すると、「一番」を褒められることをモチベーションとしていたパワーは急速に失われ、やる気をなくしてしまいかねません。これは、ご褒美やもので釣った場合でも同じだといわれています(9)(10)。

今回のケースの場合は、一番だったという結果を褒めるのではなく、「練習を頑張った」という過程を褒めてあげることが、その子が後々かけっこに対しての捉え方を自分で考えたり、決められたりするいいヒントになるのです。

「これできないならやっちゃダメ！」がダメなわけ

数日何もしないで様子を見る

罰には全く意味がない

「片付けないんだったら、ご飯食べなくていい！」
「宿題してない人はお外に遊びに行かせないからね！」
「電車の中で静かにできないなら今すぐ引き返すからね！」

このような叱り方、よく聞きませんか？　こうした罰を与える叱り方も、思いもよらない弊害やデメリットを引き起こします。

子どもからすると、「ご飯食べられないと困るからお片付けしないと！」と一時的には思うかもしれません。

しかし、これが何度も繰り返されると、「どうせご飯抜きとか嘘《うそ》じゃん。別に食べられなくてもいいし」と変わってきてしまいます。子どもが実際にこんな言葉を口に出そうものなら、「本当に食べなくていい！」と思わず売り言葉に買い言葉的に言ってしまう……。当初は片付けをさせたかっただけなのに、こうなると一体なんのために言い争っていたのかわからなくなります。

これまでの研究から、罰を与えることによるしつけからくる弊害が報告されています(11)。

古い研究なのですが、エリザベス・B・ハーロック博士が1925年に報告した「賞罰実験」というものがあります。「エンハンシング効果」という名称でビジネス界でもよく例に出されるので、ご存じの方も多いかもしれません。

9歳から11歳の子どもを3つのグループに分けて、同じ教室内で算数のテストを5日間受けさせます。出題や時間などの条件には差をつけず、前日の答案用紙を子どもに返すときの先生の態度だけを3種類に分けます。

- Aグループ：どんな結果でも、できていた箇所を褒める

- Bグループ：どんな結果でも、できていない箇所を叱る
- Cグループ：どんな結果でも、何も言わない

実験の結果、褒められたAグループの子どもは、日を追うごとに成績が上がり、最終日には約71％の子どもの成績が上昇しました。

一方、叱られたBグループの子どもは、2日目には約20％の子どもの成績が上昇しましたが、その後は成績が次第に低下するようになりました。

何も言わなかったCグループは、2日目には約5％の子どもの成績が上昇したものの、その後はほとんど変化がありませんでした。

この結果からわかることは、人が叱られることによって自分から考えて動くようになるのは、ほんの一瞬だということ。長期的に続かないのみならず、むしろ**自ら考えることや努力することを放棄する方向に働いてしまう可能性がはるかに高い**のです。

子どもが見ているのはあなたの「覚悟」

子どもに限らず、人と人との関係性という本質的な問題としても、脅しで人を動かそうとしてはいけません。

では、思わず叱って動かそうとしてしまうときはどうしたらいいのでしょうか？　先に触れた「片付けないんだったら、ご飯食べなくていい！」を例に考えてみましょう。

こうした発言を聞いた子どもは、「本当に食べなくてもいい」という覚悟があるのか、口先だけの言葉なのかどうかを敏感に感じています。本当にご飯を食べさせないとしたら、これは「罰」になってしまうので、おすすめできません。

反対に、「お片付けできたら食べていいよ」だったらどうでしょうか。この場合、ご飯が「報酬」になってしまうので、これも望ましくありません。

理想は、子どもが自分で考えて「片付けてから食べよう」と思うようになること。そのためには時間はかかりますが**「片付いていないと食べられない理由」をしっかり理解してもらう必要があります。**

残念ながら現実的には、今すぐにできることではありません。今すぐに変えられることとは、「片付いていなくても気にしない」「ご飯と片付けは関係ない」と親の方が割り切ることでしょう。

……とはいっても、現実の生活ではそう簡単ではありません。

まずできることとして、それまで反射的に叱っていたことに対して、**数日の間何も言わないようにします。その場合に子どもがどんな反応をするのかを見てみる**というのも一つの手です。

試す間は部屋が荒れ果ててしまうでしょう。それは覚悟の上で、子ども自身が親の変化に気づくか、部屋の違和感に気づくかを観察するのです。

子どもが自分で考え、片付けをしたり、何か変化について言葉にしたりするところを見られれば、「思考力アップのための訓練だった」と親自身の感情の整理もできるでしょう。

「素直に聞く子＝いい子」ではない

ここまでの例とは反対に、親の言うことを素直に聞く子も当然います。もし、ご自身のお子さんが言うことをあまり素直に聞いてくれないタイプで、身の回りの家庭に素直に聞く子がいたとしたら、思わず羨んでしまうかもしれません。ですが、よく考えてみてください。果たして親の言うことを素直に聞くだけの子が「自分で考える力」を持っているのかを……。

保護者の言うことになんの疑問も持たずに素直に従う場合は、およそ次の2

つのパターンが考えられます。

①本当になんの疑問もない場合

②「どうせ言っても無駄」と思って、考えることも自分の意見を言うこともやめてしまった場合

①は、本当に親の言うことが疑いようもなく素晴らしい場合か、子どもが親の熱心な信者（あえてこの言葉を使います）と化している場合が多いです。

しかし、大抵の場合は②なのです。親の顔色をうかがって本当に言いたいことを言えない、もしくは自分の意見がなくて、なんとなく気に入られそうな答えを言う。これでは子どもの自分で考える力は育ちませんよね。

言うことを聞かないのは正しい子育ての結果

こんな研究があります。2022年、スペインのイザベラ・マルティネス博士とアメリカのエディ・クルーズ博士らのチームによる、2000年以降に発表された親の愛着と思春期の仲間との関係に関する論文1438件から、基準を満たした19本の論文のシステマティックレビュー（いくつかの論文を統合して再解析しなおす手法）を用いて行った研究です(12)。

ここでは、信頼できる愛着（心のセーフゾーン）の存在が、思春期以降のコミュニケーション、サポート、親密さなどの信頼に基づく仲間や友人との愛情関係の構築具合をある程度予測できるということが示唆されています。

- 子どもが自分の意見を堂々と主張できる環境
- 「親は自分の言ったことをきちんと聞いてくれ、尊重して受け入れてくれ

るに違いない」という絶対的な安心感

この2つを生活の中で感じられる環境を常に与えてあげることが必要なのです。

具体的には、子どもが言った意見の内容やそれ自体の正しさを重視するのではなく、**意見を持ち、それを自分の言葉で伝えようとした「過程」を認めて、褒めてあげる**。すると、より自分の考えを持つことができるのです。これにより、「親＝心の安全基地」と感じられるようになっていきます。

たとえ親と意見が異なっていたとしても、「受け入れてもらえる」という安心感があれば、「どうせ言っても無駄」と思うことも、なんとなく気に入られそうな曖昧な答えを言うこともしなくていいと感じられ、自分が本当に思っていることを話してくれるはずなのです。

そう感じられる環境の中であれば、子どもは自分の意見がたとえ人と違っても、それを言ってはいけないものだとは感じなくなります。それぞれの多様性を認めた一意見として、自分のことも他人のことも受け入れられるようになっていく可能性が高いといわれているのです。

子どもが親の言うことを聞かない、うのみにしないのは、むしろ子育ての結果としては正しいのです。子どもがその居場所を安全な場所だと感じているのだと、考えてあげましょう。脅しや強制で従わせるのではなく、子どもを別人格として尊重した上で話し合う姿勢が大切です。

ごっこ遊び、どのくらい付き合えばいいの？

まずは15分だけ！本気で付き合う

なぜ、ごっこ遊びが考える力を伸ばすのか？

「8歳の次女はごっこ遊びが大好き。毎日いろいろなものになりきって遊んでいます。長女は習い事で忙しいので、どうしてもおままごとの相手を親に求めてくるのですが、忙しいので毎回は付き合ってあげられません。もう2年生、こんなことをしていていいのでしょうか」

ごっこ遊びは2歳くらいから始まるといわれており、およそ小学校低学年までは子どもが好む遊びといえるでしょう。

まず、結論をお伝えします。**ごっこ遊びは絶対に好きなだけやらせてあげた方がいい**です。

ごっこ遊びのメリットは、医学研究領域の音声言語学や発達心理学、さらには教育学や社会学などの多分野にわたって研究されています。そのどれもが、「ごっこ遊びをしっかりやっている子は、やっていない子と比較して**言語能力、他者理解、好奇心および想像力などの分野において、それぞれの能力が高くなる傾向が認められた**」といっています(13)。

つまり、ごっこ遊びをたくさんして育った子の方がコミュニケーション力や思考力が高まるのです。

ごっこ遊びを円滑に進めるためには、生きていく上で必須となる以下の能力が求められます。

- 役を演じるための言語能力
- 役の置かれた状況や役割を想像する社会性
- その役の背景を作り出す想像力と創造力

さらには、絵本やテレビの中で見た想像の情景を取り入れる力や、実際に経験した場所や見たことのある職業を組み合わせて登場させるフレキシビリティ（柔軟性）も求められるのです。相手のいるごっこ遊びでは、状況に応じて自分以外の役割の考え方を想像したり、一人で2役も3役もこなしたりします。これらは、他者の発言や視点を無意識に経験できる重要な機会になります。

実際に「ごっこ遊び」によって、子どもの社会性や感情コントロールに良い影響を及ぼしていることを示唆する研究が、ケースウエスタンリザーブ大学の心理学部教授であるサンドラ・ロス博士の2008年の研究によって明らかにされています(14)。

15分、5往復、シンプルな道具

私たち親は、忙しい日々の中でどうやってごっこ遊びに付き合えばいいのでしょうか。

今日からできることとしては、時間を区切ることとです。仕事や家事に忙しいと思いますが、**1日15分だけ捻出して一緒にごっこ遊びをしてみましょう。** 15分という短い時間であっても、前述したさまざまな能力を伸ばすためのいい習慣になります。

15分が経《た》ち、離れるときは時間を理由にするのではなく、「プリンセスの明日のスケジュールをシェフと確認して参りますね」や「Uber Eatsの配達員の方が来たようなので、これを渡してきますね」などとごっこ遊びの一環として離れてみましょう。一人でもごっこ遊びを続けてくれる確率が高く、忙しい私たちにとっても楽ですし、安心です。

また、時間以外に会話の往復数を重視してもいいでしょう。

ヴァンダービルト大学のデヴィッド・ディッキンソン教授は、**子どもとの会話では5回往復することを推奨**しています⑮。レストランごっこであれば、トッピングを頼んだり、お会計をお願いしたり、「持ち帰ります」と言ったり、「キャッシュレスでもいいですか?」と聞いたりして、会話の往復を試みてください。お店やメニューについて質問をして、子どもの発言を促してみるのもいいでしょう。

道具にもポイントがあります。できる限り**シンプルなものを必要な道具に見立てる**ことです。

例えば、ハンバーガーショップの店員さんとお客さんという設定のごっこ遊びが始まったとしましょう。おもちゃメーカーが販売しているプラスチックや木でできた立派な食材セットがあると、与えられた素材の中でしか子どもはハンバーガーを作れません。

反対に、新聞紙やティッシュ箱しか手元になかったとしたらどうでしょう。そこには、子どもの想像上の店構えとメニューが溢《あふ》れかえります。子どもは何もないドアを開けて入ってきて、椅子をカウンターに見立てて注文を受けます。新聞紙を重ねてちぎってハンバーガーと思われる塊のようなものを渡して、誇らしげに「チョコレートお好み焼きバーガーです」などと言うのです。こちらも負けじと、「焼きそばトッピングもお願いします」などと、想像力を働かせて応じてみましょう。

今日からできる思考力を伸ばす習慣

ここまで、子どもの思考力を伸ばすために科学的に有効な原則を紹介してきました。ここからは、発達段階別に日々の暮らしに取り入れられる習慣を世界の最新研究からご紹介します。

3〜6歳

自分で考える力を育むベース作りの期間

「なんで？　なんで？」には一緒に驚くだけでいい

このくらいの年頃から、子どもは身の回りで起こることに対して、さまざまな興味を示し始めます。大人同士の会話にだって興味津々です。思っているよりもしっかり聞いて、理解していることに驚いた経験はないでしょうか（私はあります笑）？

大人の脳は、経験からさまざまなバイアス＝脳のクセのようなものが発生しています。これは効率的に脳を働かせるのに一役買っているのですが、時として「見えているはずのものが全く見えていない」という事象を引き起こします。子どもはバイアスがまだ出来上がっていないために、大人が思っているよりもたくさんの情報を、五感すべてを駆使して拾い上げています。そのため、いろいろなことに対して「なぜ？」の疑問を抱くのです。

子どもの「なんで？　なんで？」攻撃に苦労している方も多いと思いますが、一つひとつに正確に答える必要はありません。まずは一緒に驚きましょう！

「へーそうなんだ！　なんでだろうね？　どうしてだと思う？」この返答こそ

が魔法の答えです。一緒に驚いて、自分で考える力のベースとなる好奇心を伸ばしてあげましょう。

正解は無視！　連想ゲームで自信をつける

私たち親は、質問に回答する際に、「正解か不正解か」「正しいか正しくないか」を意識してしまいがちです。でも実は子どもの考える力を育むためには、正解か不正解かは、それほど大切ではありません。

大切なのは、**「自分で考えた」という自信と「言ってもいいんだ」という信頼感**です。自分で自分の考えをまとめて話すことで自信がつきます。さらに、「自分の思っていることを伝えたら親は聞いてくれる」「どんな答えを言っても受け止めてもらえる」という信頼感が考える力を育む土台になります。

そんな自信と信頼感を築き思考力を伸ばす方法として、「連想ゲーム」がお

郵　便　は　が　き

料金受取人払郵便

新宿北局承認

9134

差出有効期間
2025年３月
31日まで
切手を貼らずに
お出しください。

169-8790

174

東京都新宿区
北新宿2-21-1
新宿フロントタワー29F

サンマーク出版愛読者係行

ご住所	〒　　　　都道府県	
フリガナ		☎
お名前		（　　　）
電子メールアドレス		

ご記入されたご住所、お名前、メールアドレスなどは企画の参考、企画用アンケートの依頼、および商品情報の案内の目的にのみ使用するもので、他の目的では使用いたしません。
尚、下記をご希望の方には無料で郵送いたしますので、□欄に✓印を記入し投函して下さい。
□サンマーク出版発行図書目録

1 お買い求めいただいた本の名。

2 本書をお読みになった感想。

3 お買い求めになった書店名。

市・区・郡　　　　　町・村　　　　　書店

4 本書をお買い求めになった動機は?

・書店で見て　　　・人にすすめられて
・新聞広告を見て(朝日・読売・毎日・日経・その他=　　　)
・雑誌広告を見て(掲載誌=　　　)
・その他(　　　)

ご購読ありがとうございます。今後の出版物の参考とさせていただきますので、上記のアンケートにお答えください。**抽選で毎月10名の方に図書カード(1000円分)をお送りします。**なお、ご記入いただいた個人情報以外のデータは編集資料の他、広告に使用させていただく場合がございます。

5 下記、ご記入お願いします。

ご職業	1 会社員(業種　　) 2 自営業(業種　　) 3 公務員(職種　　) 4 学生(中・高・高専・大・専門・院) 5 主婦　6 その他(　　)		
性別	男・女	年齢	歳

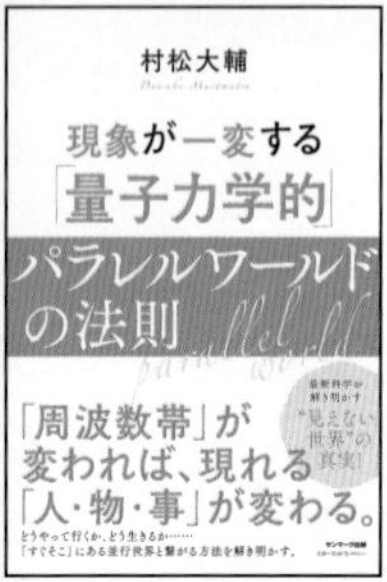

現象が一変する「量子力学的」パラレルワールドの法則

村松大輔 著

「周波数帯」が変われば、現れる「人・物・事」が変わる。これまでSFだけの話だと思われていた並行世界(パラレルワールド)は実は「すぐそこ」にあり、いつでも繋がれる！理論と実践法を説くこれまでにない一冊！

定価＝1540円（10%税込） 978-4-7631-4007-4

生き方

稲盛和夫 著

大きな夢をかなえ、たしかな人生を歩むために一番大切なのは、人間として正しい生き方をすること。二つの世界的大企業・京セラとKDDIを創業した当代随一の経営者がすべての人に贈る、渾身の人生哲学！

定価＝1870円（10%税込） 978-4-7631-9543-2

100年足腰

巽 一郎 著

世界が注目するひざのスーパードクターが1万人の足腰を見てわかった死ぬまで歩けるからだの使い方。手術しかないとあきらめた患者の多くを切らずに治した！
テレビ、YouTubeでも話題！10万部突破！

定価＝1430円（10%税込） 978-4-7631-3796-8

子ストアほかで購読できます。

1年で億り人になる

戸塚真由子 著

今一番売れてる「資産作り」の本！
『億り人』とは、投資活動によって、1億円超えの資産を築いた人のこと。
お金の悩みは今年で完全卒業です。
大好評10万部突破！！

定価＝1650円（10%税込） 978-4-7631-4006-7

ぺんたと小春《こはる》の めんどいまちがいさがし

ペンギン飛行機製作所 製作

やってもやっても終わらない！
最強のヒマつぶしBOOK。
集中力、観察力が身につく、ムズたのしいまちがいさがしにチャレンジ！

定価＝1210円（10%税込） 978-4-7631-3859-0

ゆすってごらん りんごの木

ニコ・シュテルンバウム 著　中村智子 訳

本をふって、まわして、こすって、息ふきかけて…。子どもといっしょに楽しめる「参加型絵本」の決定版！ドイツの超ロング＆ベストセラー絵本、日本上陸！

定価＝1210円（10%税込） 978-4-7631-3900-9

すすめです。例えば、「柔らかいものといえば何が思い浮かぶか？」「丸くて赤いものといえば？」などのような、いくらでも答えが出るものがいいでしょう。思いつくだけ答えてもらい、そのすべてを否定せずに受け入れてあげましょう。この方法は全米でもトップレベルの実績を誇る、スタンフォード・オンラインハイスクールの校長を務めておられる星友啓博士もおすすめの方法だそうなので、ぜひ取り入れてみましょう(16)。

失敗はできるだけさせる

正解か不正解かが重要ではないのは、会話だけのことではありません。「失敗」についても同じことがいえます。

大切なのは、失敗しないことではなく、**失敗に対して自ら考え、考えたことを自分の意見として伝えること**です。親が先回りして失敗や間違いをしないように整えてあげないことで、正解不正解ではなく、自ら考え、多様性を認められるようになるのです。

ボードゲームやカードゲームで遊ぶ

ボードゲームやカードゲームは一体感や安心感形成にとても良いツールです。ルールが難解なものもありますが、決められたルールに従う必要はありません。「このカードやゲームを使ってどうやって遊ぼうか？」と家族でルールを作ったり、遊び方を模索したりするのもいい方法でしょう。こうすることで、「なぜルールが必要なのか」を理解することもできます。

7〜9歳

自分で考えることの楽しさを知る

家庭内の「困った!」はチャンスタイム!

家の中で困ったことが起こったり、改善した方がいいかもと思うことがあったりした場合はチャンスです。例えば、兄弟や姉妹それぞれのおもちゃが混ざってしまって、「それは私のだ」と揉《も》めているときには、どこが問題なのか、どうなればいいと思うのか、どんな方法で解決すればいいのかを家族で話し合ってみましょう。

話し合うときには、机を会議室風にコの字型に並べてみて、親が議事進行を担当してもいいでしょう。いつもと違う雰囲気で集中力も増し、プレゼンの練習や、人の意見を聞く練習を兼ねることができます。

「いいな」を持ち寄ってプレゼンをしよう

好きなものについて説明するとき、私たちはさまざまなことを考えます。相手に伝わるように筋道を立てて考えたり、「自分が好きなものを嫌いな人がいるかもしれない」と多様性に気づいたりもできます。「素敵だな」と思う感性こそが素晴らしいということ、その感性には正解も不正解もないことなど、思考力を磨くためのたくさんのヒントがあるのです。

家庭内で「いい」と思ったことについてプレゼンする機会を作ってみましょう。もちろん、子どもだけでなく親も発表することで、子どもに多様性についての気づきを促すこともできます。大切なことは、好きだと思う気持ちを抱くこと、それに誰かの評価やジャッジは必要ないということ、好みは人それぞれであること、そしてお互いにその気持ちを尊重して認め合うことです。「それのどこがいいの」などと反射的に否定してしまわないように気をつけましょう。

10～12歳

考えていることを自分の言葉で伝える

学習能力の鍵を握るメタ認知を伸ばす

この年齢になってくると、**「メタ認知」**と呼ばれる能力を伸ばす土台が急激に育ってきます。メタ認知とは、認知（知覚や思考など自分が見たり聞いたりして知っていること）のさらに一段上の認知であるといわれています。「自分が見たり聞いたりして知っているということ」を知っていること、という2層構造になっているのです。

例えば、あなたが街で外国人に英語で話しかけられたとします。その際に、「答えられなかった」と思う。これが「認知」です。メタ認知はこの上に、知らない言葉だから答えられなかった↓次は答えられるようになりたい↓勉強したらわかるようになるかもしれない、といったように自分の感情やその原因まで理解することを指します。

このメタ認知、さまざまな能力アップに関連していると近年の研究から明らかになっています(17)。

子どもの思考力や学習能力に関しても同様です。2006年にアムステルダム大学児童発達教育学部教授のヴェルナデット・ヴァンホーウォルターズ博士の研究によると、「メタ認知ができるかできないかが、子どもの学習能力のおよそ17%を占めている」そうです(18)。

ここからの思考力を伸ばすヒントは、そんなメタ認知を伸ばすための習慣です。

今日からルールは「子どもが決めるもの」

思考力を伸ばすためには、現在の自分の状況を把握し、問題点を見つけ、それに対する解決策を考える。この一連の流れが欠かせません。

例えば、漢字テストを翌日に控えながら、友だちと遊ぶ約束をしたとします。そのとき、「約束の時間まで20分あるから、少しでも漢字の勉強をしよう」と自分で考えられるといいですよね。そのためには、子どもの行動を親がすべてコントロールしてしまっていては、自分で考えるようにはなりません。親がお膳立てをしてあげた方が速いのは確実です。ただ、それでは思考力は育ちません。

親がじっと我慢し、自分でルールを考えさせる、失敗から改善策を考えさせる、振り返るクセをつけさせるなど、日頃から子ども自身で考える習慣を身につけさせるべきなのです。

お小遣いで金銭感覚を養う

有名な実験に「マシュマロテスト」というものがあります。1970年代にスタンフォード大学の心理学者ウォルター・ミシェル博士が行った実験です。平均4歳半の子どもたちに「目の前に置かれたマシュマロを15分食べずに我慢できたらもう一つあげる」と言って我慢できるかどうかを調べました。そのときに我慢できた群と我慢できなかった群を追跡し、その後の能力の差などを調べた研究でした(19)。マシュマロを我慢できた子どもたちは、その後も試験の点数が高く、成人してからも高収入となったそうです(ただし、実験自体が少し古く、その後の検証でも追試による再現ができなかったため、賛否が分かれています。議論の余地がある実験ということを踏まえてお読みください)。

子どもは基本的に長期的な視点がまだ育っておらず、どうしても現在時間軸をメインに生きているために、先の利益を取る発想が苦手だといわれています。

そこで、「お小遣い」が役に立ちます。お金の現状を把握し、先を考えて、使い道をプレゼンしてもらうのです。

家庭内マネージメントをお任せする

少し大きくなってきたこの年代ならば、家族でのお出かけの予定や夕食の献立などをマネージメントしてもらうのもいい方法です。自分がどこに行きたいか、何が食べたいか、そしてそれをどのようにみんなにうまく伝えるか、自分で考える力になります。例えば、予算を伝えて外食を計画してもらうのもいいでしょう。お兄ちゃんはハンバーグが食べたい、妹はお寿司が食べたい、そんなとき両方の希望を叶えるのか、どちらかが譲り、次回の選択権を得るのか。予算内に収まるのか。インターネットでメニューや価格を見られるお店も多いので、家庭内で楽しみながら学びの時間にすることもできるのです。

(1) Jannette M Wing. Computational Thinking. *Communications of the ACM* 49 (3):33-35March 2006, DOI:10.1145/1118178.1118215
(2) https://www.mext.go.jp/a_menu/shotou/new-cs/ (Cited 2023 Jan 18)
(3) Askew C, Field A.P. The vicarious learning pathway to fear 40 years on. *Clin Psychol Rev.* 2008 Oct;28(7):1249-65. doi: 10.1016/j.cpr.2008.05.003. Epub 2008 May 16. PMID: 18614263.
(4) Muris P, Field A.P. The role of verbal threat information in the development of childhood fear. "Beware the Jabberwock!". *Clin Child Fam Psychol Rev.* 2010 Jun;13(2):129-50. doi: 10.1007/s10567-010-0064-1. PMID: 20198423; PMCID: PMC2882043.
(5) Fliek L, Dibbets P, Roelofs J, Muris P. Cognitive Bias as a Mediator in the Relation Between Fear-Enhancing Parental Behaviors and Anxiety Symptoms in Children: A Cross-Sectional Study. *Child Psychiatry Hum Dev.* 2017 Feb;48(1):82-93. doi: 10.1007/s10578-016-0655-2. PMID: 27286719; PMCID: PMC5243885.
(6) Wood J.J, McLeod B.D, Sigman M, Hwang W.C, Chu B.C. Parenting and childhood anxiety: theory, empirical findings, and future directions. *J Child Psychol Psychiatry.* 2003 Jan;44(1):134-51. doi: 10.1111/1469-7610.00106. PMID: 12553416.
(7) McLeod B.D, Wood J.J, Weisz J.R. Examining the association between parenting and childhood anxiety: a meta-analysis. *Clin Psychol Rev.* 2007 Mar;27(2):155-72. doi: 10.1016/j.cpr.2006.09.002. Epub 2006 Nov 16. PMID: 17112647.
(8) Mueller C.M, Dweck C.S. Praise for intelligence can undermine children's motivation and performance. *J Pers Soc Psychol.* 1998 Jul;75(1):33-52. doi: 10.1037//0022-3514.75.1.33. PMID: 9686450.
(9) Henderlong J, Lepper M.R. The effects of praise on children's intrinsic motivation: a review and synthesis. *Psychol Bull.* 2002 Sep;128(5):774-95. doi: 10.1037/0033-2909.128.5.774. PMID: 12206194.
(10) Zentall S.R, Morris B.J. "Good job, you're so smart": The effects of inconsistency of praise type on young children's motivation. *J Exp Child Psychol.* 2010 Oct;107 (2):155-63. doi: 10.1016/j.jecp.2010.04.015. Epub 2010 Jun 8. PMID: 20570281.
(11) Hurlock, E.B. (1925). An Evaluation of Certain Incentives Used in School Work. *Journal of Educational Psychology,* 16(3): 145-159.
(12) Delgado E, Serna C, Martínez I, Cruise E. Parental Attachment and Peer Relationships in Adolescence: A Systematic Review. *Int J Environ Res Public Health.* 2022 Jan 18;19(3):1064. doi: 10.3390/ijerph19031064. PMID: 35162088; PMCID: PMC8834420.
(13) Dickinson, D.K. & Tabors, P.O. (2001). *Beginning Literacy with Language: Young Children Learning at Home and School.*
(14) Moore, M., & Russ, S. W. (2008). Follow-up of a pretend play intervention: Effects on play, creativity, and emotional processes in children. *Creativity Research Journal,* 20(4), 427-436.
(15) Dickinson, D.K., & Tabors, P.O. (Eds.). (2001). *Beginning literacy with language: Young children learning at home and school.* Paul H. Brookes Publishing Co.
(16) 星友啓『子どもの考える力を伸ばす教科書』大和書房
(17) Muijs, D. and Bokhove, C. (2020). *Metacognition and Self- Regulation: Evidence Review.* London: Education Endowment Foundation
(18) Veenman, M.V.J., Van Hout-Wolters, B.H.A.M. & Afflerbach, P. Metacognition and learning: conceptual and methodological considerations. *Metacognition Learning* 1, 3-14 (2006).
(19) Mischel, Walter; Ebbesen, Ebbe B.; Raskoff Zeiss, Antonette (1972). "Cognitive and attentional mechanisms in delay of gratification.". *Journal of Personality and Social Psychology* 21 (2): 204-218.

第3章

自己肯定感

自分を信じられる力

子どもの自己肯定感は家庭で高められる

自己肯定感が高いと行動を改善できる

近年、**「自己肯定感」**という言葉を目にする機会が増えました。自己肯定感とは、他者からの評価とは関係なく無条件に自分の存在価値を認められる感情のことです。簡単に言い換えると、**「いいところも悪いところもまとめた今の自分を認める心」**となります。

本書の目的である「自分で決められる子」になるためには、自己肯定感が欠かせません。その理由は、次の研究からもわかります。

2000年にカリフォルニア大学の心理学部教授であるデイビッド・シャーマン博士らによって行われた実験です(1)。

まず、被験者に「カフェインの摂取量と乳がんの発症率に関連があるかもしれない」という研究結果を読んでもらいます。もちろん、カフェインが大好きな人は記事の内容を信じたくはありません。

その後、意図的に自己肯定感を高めた群と低めた群を作成し、それぞれの群に、「乳がんの発症率を高める可能性があるのであれば、カフェインを控えようと思いますか?」という趣旨のアンケートを取ったのです。

結果は、とても面白いものでした。自己肯定感を意図的に高めた群の方が、「この健康情報を信じて行動を変えようと思う」と答えた割合が有意に高かったのです。

言い換えると、**「自己肯定感が高い方が、これまでの自分の行動を変更する**

ことに抵抗が少ない」ということになります。

人間は現状の自分や状況を変更することに少なからず抵抗を感じます。これはなかなか逃れられないものです。何かを変えることを迫られても、「今の自分でうまくいっている」「今現在困っていない」といった思いから、「変える必要はない」と感じるのです。

しかし、自己肯定感が高いと行動を変えることに対する意欲も増します。自己肯定感が高い人は、変化に対して恐れを感じたとしても、自分で決めて軌道修正できるのです。

「日本の子どもは自己肯定感が低い」は本当？

このように自分で決められるようになるために不可欠な自己肯定感です

が、しばしば「日本の子どもは自己肯定感が低い」といわれます。この言説は、「我が国と諸外国の若者の意識に関する調査（平成25年度）」（２０１３年）の結果がもとになっています(2)。

詳しい内容は長くなるので割愛しますが、このことから「日本の子どもは自己肯定感が低い」といわれるようになりました。

しかし、この調査結果について文部科学省は対象の子どもたちが「他者との比較の上で回答している可能性」を指摘しており、「必ずしも否定的にとらえる必要はないという意見もあった」と解釈しています。

どういうことかというと本来の自己肯定感とは、他者との比較は関係なく、自分に対する感情のことをいいます。先の調査では、クラスの中での立ち位置や習い事のスポーツチームでの役割などと切り離して考えられていない可能性があるのではないかというのです。

自己肯定感において大事な「誰かとの比較ではなく、自分がどうであるかという絶対評価」の感覚が日本人にはあまりないのかもしれません。

だからこそ、**自分を正しく認識して、自分で自分がどうしたいのか決められる力が必要**なのです。

でもこの自己肯定感、なかなか難しいのです。

自己肯定感が高い＝自信満々？　わがままとの境界はどこ？　自己肯定感を高める子育てって「放置」って言われない？　など、疑問は尽きません。第3章で一緒に考えていきましょう。

ただ褒めれば自己肯定感が高くなるわけではない

やったこと、できたことをそのまま褒める

「自己肯定感が高い」とナルシシストの違い

「あの子ってクラスの中でもちょっとわがままで自己主張強いし、いつも『見て見て！　私すごいでしょ？』って言っててナルシシストじゃない？　自己肯定感高いのがいいっていうけど、あれはちょっと違うと思うな」

保護者会でこんな声が聞こえてきます。

子どもを自己肯定感高く育ててあげたいけれど、ただ褒めまくるのも違う気がするし、ナルシシストっぽい感じになってほしいわけでもない……。悩みは尽きませんね。

なかなか難しい「自己肯定感が高いのか、ナルシシストなのか問題」。実はこれには、明確な違いがあります。

一般的にはナルシシストというと、自己評価が高くて、褒められたがりで、自慢ばかりしているといったイメージがあるかもしれません。辞書的な定義も自己陶酔型の人、自惚《うぬぼ》れ屋といったものです。

自己肯定感が高い人とナルシストには一つ大きな違いがあります。「他人からの評価が必要かどうか」です。

自己肯定感が高い人は、他人からの評価で自分の価値を決めてはいないのです。対してナルシストといわれる人たちは、他人に認められるため、自分がすごいと思われるために、頑張って自分をアピールします。すなわち「他者からどう思われるか」が判断基準なのです。

褒めるのは「過程」

ジョージア大学で心理学部の准教授を務めていたキース・キャンベル博士らも、「ナルシシズムは性格の特性を指します。自分を特別だと思い、他人に対しての共感力が乏しい人です。ナルシシストは様々な手段を使い、自分のことを良く見せようとします。人の気を引く、自慢する、見せびらかすといった方法です。また、人の成功を自分の手柄にしたり、うまくいかないことを人のせいにしたりもします」と述べています(3)。

他者からの評価に依存した自信は、自己肯定感とは全くの別物です。そして、ナルシシストではなく、**自己肯定感が高い子どもに育てるために最も有効なのは、「親の言葉」です。**どんな言葉がいいのか見ていきましょう。

自己肯定感に必要なのは、クラスの他の子と比べて、できた・できなかった、上手だ・下手だ、といった比較や優越感からくる承認欲求に基づく言葉ではありません。**自分が自分であること自体に、価値を見出《みいだ》している状態**です。

……と言われるとなんだか難しいですよね。「クラスで三番目にいい点数ですごいね！」「体操教室で最初に新しい技ができるようになってすごかったね！」などのように褒めたくなってしまいませんか？

でも実はこうした言葉かけは、自己肯定感を高めるにはおすすめしない方法だといわれています。スタンフォード大学のキャロル・S・ドゥエック教授の研究によると、能力を褒められた子どもは、他者からの評価を気にするようになってしまうために、失敗のリスクがともなうような次のレベルの課題に手をつけなくなったとの結果も報告されているので、褒め方には注意が必要です(4)。

ポイントは、他人と比較したもの、過剰なもの、素質を褒めるものでないことです。

「たくさん頑張ったからできるようになったね」「いっぱい練習して素晴らしかったね」といったように、**「努力の過程」**を褒めるのがおすすめです。

ここまで読んでお気づきかもしれませんが、これは第2章でお伝えした思考力を伸ばすためのポイントと同じものです。褒め方一つで、思考力も自己肯定感も高められるのです。

また、「今の○○が良かった」という場合は、その事象自体を素早く簡潔に褒めるのがおすすめです。

例えば、チームで踊るダンスのときに、周りをよく見て動いていたことで、隣の子とぶつからずにやり切ることができたことに気づいたのであれば、「さすが○○ちゃん、本当に上手にちゃんとできたね！」ではなく、**「周りをよく見ていたから最後までぶつからずにできたね！」**と注目した行動のみを伝えるようにできるといいですね。

ご褒美をもらうと「好き」は消えてしまう

「好き」はじっと見守ってあげる

「やりたいからやる」が最強なわけ

「長女は一人で黙々と泥団子を作ることが好きなんです。先月、幼稚園でたまたま泥団子作りが流行《はや》ったみたいで、先生がコンペティションを開いてくれて、長女に優勝の金メダルを渡してくれたんです。優勝した日は嬉《うれ》しそうにしていたんですけど、何日かしたらパタッと泥団子を作らなくなって、誰とも遊ばずにぼーっとしているようになってしまって……。なんて声をかけたらいいのでしょう……」

子どものやる気が突然なくなってしまった。心配ですよね。泥団子への情熱が、一気に冷めてしまったこのケース。何が起こっていたかというと、**「外発的動機づけによって、内発的動機づけが潰されてしまった」**のです。やる気には「内発的動機づけ」と「外発的動機づけ」の2種類があります(5)。

● 内発的動機づけ

「とにかく好き」「やりたい！」と思う強い動機づけ。自分が好きで、やりたいと思っているのですから、そこに理由はありません。

● 外発的動機づけ

やること自体に何らかの報酬や理由がある動機づけ。褒めてもらえる、お小遣いがもらえる、欲しいおもちゃを買ってもらえるなど、いい成績を取ったときに得られる「ご褒美」を期待して、やる気を出しています。

今回のケースでは、もともと長女は泥団子を作ること自体が楽しくて仕方ありませんでした。これこそが「内発的動機づけ」だったのです。

しかし、幼稚園で泥団子作りが流行り、コンペティションが開催されてしまいます。ずっと泥団子を作ってきた長女は、誰よりも技術を持っています。そのため金メダルをもらえたのですが、ここで自分が泥団子を作ってきた目的が、「好きだから（内発的動機づけ）」だったのか、「金メダルが欲しいから（外発的動機づけ）」だったのかがわからなくなってしまいました。

これまでの研究において、このような場合の心理的影響が解明されています。ロチェスター大学の心理学教授であるエドワード・L・デシ博士によって提唱されたもので、大学生に対するパズルと金銭的報酬の実験によって研究が行われました(6)。

実験に参加した大学生を2つのグループに分けて、1つのグループには「パズルを解くと1ドルの報酬がもらえる」と教え、もう1つのグループにはパズルを解く理由は教えませんでした。しばらく試験官はその場から立ち去ります。興味深いことに試験官が立ち去った後にも、報酬がもらえると伝えられなかったグループの方がパズルを続けた人が明らかに多かったのです。

つまり報酬のためにパズルをした場合よりも、純粋にパズルを楽しんだグループの方が長く続けられたということです。

好きで続けたことは必ず財産になる

同様に、スタンフォード大学の心理学部教授のマーク・レッパー博士による未就学児に対する興味深い実験結果があります。

お絵描きをよくする未就学児に、お絵描きをすることに対して報酬を与えるという研究です(7)。もともとお絵描きが大好きという内発的動機がある子どもに対して、報酬を与えた場合、報酬を与えない場合よりもお絵描きをしなくなってしまうことが明らかになりました。この現象を**「アンダーマイニング効果」**と呼びます。

つまり、**「ただ好きでやっていることに勝るものはない」**ということ。

例えば、お絵描きをしているときは話しかけないのがベストです。途中で「すごーい」や「えらいね」などと言わないのがおすすめで、「これ何？」「何描いてるの？」といった質問もいらないのです。

それが学校の成績や将来の進路につながるかつながらないかは、その時点では誰にもわかりません。それでも、費やした時間や集中力は後々必ず大切な財産になります。「好き」を見守ることこそが、自己肯定感を伸ばすことにつながるのです。

「お手伝いしたらお小遣い」効果が続くのは一瞬？

家事そのものをゲームにする

小さなお手伝いとお小遣いが自己肯定感を下げる？

「お手伝いが子どもの発達にいいって聞いたから、食事の前に家族のお箸を並べることから任せてみました。何日か続けてくれたから、もっとやる気を出してもらえるように1回につき10円のお小遣いをあげたら、しばらくは喜んでやってくれるようになったんだけど……。今朝になって洗濯物をカゴに入れるように伝えたら、『それも10円くれる？』と言うようになってしまって……。どうしたらいいのかな？」

先日こんな相談を受けました。これ、すごくよくある相談内容なんです。

「小さな成功体験を積むことは自己肯定感を育むのに大事」、本やネットではしばしばこのような説明がされます。

日本には昔から、「新聞を取ってきたら10円もらえる」のような小さなお手伝いとお小遣いの文化がありました。私自身は、「なごみ系のほっこり文化」として、肯定的に感じることもあるのですが、**この小さなお手伝いに対するお小遣いは、自己肯定感の観点からはおすすめできる行為ではない**といわれ始めています。

これは、前項でお伝えした「内発的動機づけ」と「外発的動機づけ」とも関わります。今回のケースで考えられる子どもの思考回路を見てみましょう。

初めは、箸を並べる仕事を任されて純粋な嬉しさを感じていました。お小遣いももらえて、さらにやる気がアップしますが、この段階で「外発的動機づけ」が発生してしまいます。

やがて続けているうちに、「お箸を並べて役に立てて嬉しかった」という気持ちは薄れ、続ける理由が「10円をもらうため」に変わります。

すると、お手伝いという小さな成功体験の記憶ではなく、10円の効果に動機づけが置き換わってしまい、モチベーションが保てないという経過を辿《たど》ったと推察されます。

小さなことからゲーム感覚で任せる

子どもに達成感を味わってもらうために、小さなステップの成功体験を積む。これ自体はいいことだといわれています。

ただ、この方法を使う際に気をつけないといけないことは、**ステップが小さいがゆえに、ご褒美をあげたり、大げさに褒めたりするといった付属の方法が期せずしてついてきてしまうこと**なのです。

大げさな褒め方やご褒美は、瞬間的にはモチベーションを上げ、自分を肯定する気持ちを高める効果を発揮します。ただ、効果は持続しませんし、長期的にはむしろ悪影響を及ぼすという研究結果がいくつも出ています。

実は「これができたら○○を買ってあげるよ」といった報酬を長期的に続けていた場合、将来的に予測される悪影響には、不安感や抑うつ症状といったメンタルに関わるものだけでなく、身体や人間関係においても良くない影響をもたらすことを示唆する研究結果が出てきています(8)(9)。それでは、今回のケースのように子どもにお手伝いを促したいときにできることはなんでしょうか。

まず、**「小さな家事」に興味を持ってもらうところから始めましょう。**

洗濯物の中から靴下の組み合わせを探す、片付けの時間を測って前回の記録と競争するタイムアタックをするなど、ゲーム要素を取り入れ、楽しみながら一緒にできるものがいいですね。

また、小さな家事をしてくれると親としてはとても嬉しいと丁寧に伝えましょう。ただし、簡単すぎるものを過剰に褒めることはおすすめできません。ただにっこりと、「ありがとう、助かるよ」と言ってあげる。子どもはこれだけで十分幸せな気持ちになれるのです。

「泣かないで！」が
悲しい気持ちを倍増

悲しい気持ちは
そのまま受け止める

「泣くな」が子どものメンタルを蝕む

「うちの子、嫌なことがあったらすぐ泣くのよ。しかも、泣き始めるといつまでもウジウジ泣いてるのよね。嫌なことなんてさっさと忘れたらいいのにさー。いっつもパパと二人で『泣くなー』って言ってばっかり」

わかります。子どもって痛くて泣いていようが、勘違いで泣いていようが、ものすごく怒って泣いていようが、一度泣き始めてしまうとどんな説得も基本的には耳に入りません。ケロッと忘れてしまうタイプの子もいれば、なかなか気持ちを立て直すことができずに、長いこといじけてしまうタイプの子もいます。

それを見た大人は、「さっさと忘れたらいいじゃないか！」と思ってしまいがちです。でも、ここにも大切なポイントが隠れています。

大人は「嫌なことはすぐに忘れたらいい」と考えがちですが、この考え方が自己肯定感を高めるためには逆効果かもしれないのです。

今回のケースでは、子どもはおそらく次の「ループ」の中にいます。

嫌なことがあったから悲しくて泣いている→自分なりに頑張って忘れようとしている→でもやっぱり悲しい。

この状況で大人に「泣くな！」と言われてしまった子どもは、「泣いてはいけないのだ」と考えてしまいます。すると、「嫌だ」や「悲しい」と感じた気持ちを無意識に抑え込もうとしてしまうのです。

でもその嫌な気持ちや悲しい気持ちは抑え込もうとすればするほど、かえって忘れることができずに、長時間持続してしまうこともあります。

嫌な気持ちや悲しい気持ちを無理やり抑え込もうとしてしまうことは、**メンタルや全身状態にも影響を与える**可能性が示唆されています。

2013年にアメリカで行われたコロンビア大学公衆衛生学教授のピーター・マニング博士とハーバード大学公衆衛生学教授のイチロー・カワチ博士も加わった12年間の追跡研究により、気持ちを抑え込みがちなタイプの人は、そうでない人に比べて、死亡率が30％近く上昇すること、心筋梗塞などの心血管系イベントの発症率が1・5倍近く、がんの発症率も1・4倍近く上昇することがわかりました(10)。

これらの研究結果を踏まえて、子どもが泣いているときは「泣くな」と泣くこと自体を否定するのではなく、ただただ「悲しいんだね、うんうん」「嫌だったんだね、わかるよ」といった共感の気持ちを伝えてあげてください。

今日からできる自己肯定感を高める習慣

ここまで、子どもの自己肯定感を高めるために科学的に有効な原則を紹介してきました。ここからは、発達段階別に日々の暮らしに取り入れられる習慣を世界の最新研究からご紹介します。

3〜6歳

心の安心感を築く

褒め方の鉄則4か条

第3章では、子どもの自己肯定感を左右する褒め方の大事なポイントをお伝えしました。これはどの年齢の子どもにも共通する点ですので、褒め方の鉄則4か条としておきましょう。

①結果ではなく努力の過程を褒める
②簡単すぎる褒め・大げさな褒めは逆効果
③報酬で釣らない
④他人と比較しない

これらの鉄則を押さえて、きちんと褒めてあげられるといいですね。

「これが好き」を否定しない

子どもの自己肯定感を高めるために一番大切な原則は、親や身近な人が子ども自身を丸ごと受け入れ、信頼すること。

一番避けなければいけないことは、「子どもの決断や意思を否定するような言葉」を口にすることです。無意識にやってしまっていることがないか考えてみましょう。

例えば、大人から見たら良さがわからないぬいぐるみを、子どもが「かわいい！」と言っていたとします。「それのどこがいいのよ」と言ってしまうと、子どもが「自分の価値観や美意識が間違っているのだろうか」と感じ始めるきっかけになってしまう可能性があるのです。強い口調でなくても、子どもに尋ねるつもりで言ってしまうことがあるのではないでしょうか？

こうしたとき、「それはかわいいとは思わない」と言うのではなく、「そっか、あなたはこれがかわいいと思うんだね」といったようにまずは共感を示しましょう。**「共感」と「嘘《うそ》」は別物**です。「ママもかわいいと思う！」と嘘で迎合する必要はありません。「あなたはこう感じるのね」と受け入れてあげるだけでいいのです。

見たままの事実を言葉にする

スタンフォード大学の心理学教授クロード・スティール博士らの研究により、「ステレオタイプ」と呼ばれる**固定観念による決めつけが子どものマインドに重大な影響を与える**ことがわかってきています(11)。

普段の暮らしの中でも、「あなたはママに似て運動神経が良くないから、逆上がりができなくてもしょうがないわ」「あなたは女の子だから文系だと思う。だから今数字の問題ができなくても大丈夫」といった固定観念による決めつけで話してしまうことがありませんか？　親としては、子どもが落ち込まないように優しさから言っているとしても、自己肯定感を育む観点からはおすすめできません。

「こうした言葉かけを避けた方がいい」とわかっていても言い換え表現が見つからない場合は、**見たままの事実を伝えましょう。**

例えば、逆上がりができなかった場合は「逆上がりができなかったね」、数字の問題の出来が悪かったのであれば「数字の問題ができなかったね」、これだけでいいのです。

7〜9歳

「大事にされている」と思ってもらう

今日からは長所だけを見る

人間にはなかなか抗《あらが》えない「脳のクセ」があります。その一つが**「ネガティビティバイアス」**です。脳には膨大な情報の中から必要なものをすぐに取り出すための、携帯電話でいうところの予測変換のような便利な機能があります。しかし、予測変換で上位に表示される情報は「生存に役立つもの」が優先されるため、危なかったこと、嫌だったことなどのネガティブな情報を強く記憶したり、優先的に上書きしたりしてしまいます。

子どもと過ごす日々の中で、**子どもの失敗や親にとって嫌なことが頭をよぎったら、「脳のクセによるものかもしれない」と疑ってみてください。**意識することでそれらの悪い記憶に引っ張られることなく、良かったこと、上手にできたことなどに意識を向けられるのです。

親が子どもの短所よりも長所にフォーカスしてあげることで、子どもも物事に自発的に取り組めるようになり、「自分はできる！」という感覚（自己効力感）と自己肯定感が高まるサイクルに入れます。

なんでも2、3択に分ける

仕事も家事も忙しい親にとって、毎日は1分1秒との争いです。そうした日々では、親が子どもの服を選んだり、目的地への道順を決めたりするといったように、あらゆる段取りを組んだ方が効率的に思えます。

しかし、子どもの自己肯定感を高める習慣を日常に取り入れるのであれば、ここで親がぐっと我慢し、**子どもが「自分で選んだ感覚」を得られるようにすることも重要です。**「はじめに」でもお伝えしたように、自己決定は幸福感も左右します。

朝の洋服を2、3択にして子ども自身に選ばせる、最短ルートで行くか、景色のいい道を行くか、目的地までの道を選ばせる、バスか電車か移動手段を選ばせるなど、最初は親が許容できる範囲内での選択肢を提示してあげて子どもに選ばせる方法がおすすめです。

やってあげるのではなく、手本を見せて手伝う

お子さんが卵を割りたがりませんか？　朝の忙しい時間に卵かけご飯を急いで作って食べさせたいのに、「やらせて！」と言ってくる。我が家ではしょっちゅうあります。正直、私がやってしまった方が早いし、キッチンも汚れないで済む。でも、やりたがっているのを禁止して泣き叫ばれた方が長くなりそうで……。

そんなときは潔く、**お手本を見せた上でお任せしてしまいましょう。**「任された」という責任感と嬉しさからものすごく頑張ってくれます。後片付けは……「今この瞬間が、この子の自己肯定感を高めているのだな」と自分を慰めながら、頑張ることにしましょうか。

10〜12歳

多様性を認められるように

良質な睡眠を取る

2015年に文部科学省により、小学5年生〜高校3年生の子どもたちを対象に睡眠時間や心身の健康に関するアンケート調査が行われました。全国の公立学校から800校を抽出して、そのうち771校の合計2万3139人の子どもたちから回答が得られました。

その結果、寝不足傾向の子どもたちの方が「自分のことが好きだ」という項目に対して否定的な答えが多くなる傾向が認められ、**睡眠時間が短い方が自己肯定感が低い**という結果が示唆されたとの報告がありました(12)。

この年代の子どもは段々と夜更かしが楽しくなってきて、また塾の勉強や宿題の量も増えていきがちです。しっかりとした睡眠が取れるように生活パターンを整えてあげましょう。

習い事を続けるかどうかは子ども自身が決める

習い事については、この年齢になってくるとなかなか難しい問題です。塾の時間を確保するために習い事を減らしたりやめたりするべきなのかどうか、この後もずっと続けたいのか、プロを目指して本格的にやっていきたいのかどうかなど、親としても悩むことが多いでしょう。ここも自己肯定感を育てて自分で決められる子になっていくためのチャンスだと思って、しっかり話し合うようにしましょう。

「成績が下がっているからあなたは明日から塾に行かせます」「サッカーはもうやめます」などと一方的に親が決めてしまっては、ゆくゆくは自分で決められる子になってほしいと思っても、その力を潰してしまう可能性があるので注意が必要です。

子ども自身に選択肢を挙げてもらい、その上で自ら目標を提示させるようにするのがいいといわれています。少し時間がかかりますが、その上にこそ、自分で決めたという自信と自分の考えを尊重してもらったという自己肯定感が生まれるのです。

「心配する」をやめてみる

思春期に差しかかる子どもを心配しないでいられる親は少ないと思います。心配すること自体は全く問題ありません。ただ、自己肯定感の観点からは、子どもは親が自分のことを心配している姿を見たり感じたりすると、「愛されているな」「嬉しいな」とは感じてくれず、**「自分がダメだから、あんなに心配す**

るんだろうな」「自分はまだ信頼に値しないんだ」と感じる傾向があり、これにより自己肯定感は徐々に下がっていってしまうのです。

親の心配が意図しない方向に解釈されてしまい、実際に自己肯定感アップの妨げになってしまう可能性があるのであれば、これは放ってはおけません。子どもに伝わるべきは心配ではなく信頼です。行動と言葉かけから、信頼していることを伝えるようにしましょう。

(1) Sherman, D. A. K., Nelson, L. D., & Steele, C. M. (2000). Do messages about health risks threaten the self? Increasing the acceptance of threatening health messages via self-affirmation. *Personality and Social Psychology Bulletin*, 26(9), 1046-1058.
(2) https://www.mext.go.jp/b_menu/shingi/chukyo/chukyo0/gijiroku/__icsFiles/afieldfile/2017/06/23/1387211_08_1.pdf (Cited 2023 Jun 18)
(3) Twenge, J. M., & Campbell, W. K. (2009). *The narcissism epidemic: Living in the age of entitlement.* Free Press
(4) Mueller C.M, Dweck C.S. Praise for intelligence can undermine children's motivation and performance. *J Pers Soc Psychol.* 1998 Jul;75(1):33-52. doi: 10.1037//0022-3514.75.1.33. PMID: 9686450.
(5) Ryan, R. M., & Deci, E. L. (2017). *Self-determination theory: Basic psychological needs in motivation, development, and wellness.* The Guilford Press.
(6) Deci, E. L. (1971). Effects of externally mediated rewards on intrinsic motivation. *Journal of Personality and Social Psychology*, 18(1), 105-115.
(7) Lepper, M. R., Greene, D., & Nisbett, R. E. (1973). Undermining children's intrinsic interest with extrinsic reward: A test of the "overjustification" hypothesis. *Journal of Personality and Social Psychology*, 28(1), 129-137.
(8) Kasser, T., & Ryan, R. M. (1996). Further examining the American dream: Differential correlates of intrinsic and extrinsic goals. *Personality and Social Psychology Bulletin*, 22(3), 280-287.
(9) Williams, G. C., Cox, E. M., Hedberg, V. A., & Deci, E. L. (2000). Extrinsic life goals and health-risk behaviors in adolescents. *Journal of Applied Social Psychology*, 30(8), 1756-1771.
(10) Chapman B.P, Fiscella K, Kawachi I, Duberstein P, Muennig P. Emotion suppression and mortality risk over a 12-year follow-up. *J Psychosom Res.* 2013 Oct;75(4):381-5. doi: 10.1016/j.jpsychores.2013.07.014. Epub 2013 Aug 6. PMID: 24119947; PMCID: PMC3939772.
(11) Spencer, S. J., Steele, C. M., & Quinn, D. M. (1999). Stereotype threat and women's math performance. *Journal of Experimental Social Psychology,* 35(1), 4-28.
(12) https://www.mext.go.jp/a_menu/shougai/katei/__icsFiles/afieldfile/2015/07/13/1357460_03.pdf (Cited 2023 Jun 18)

第4章

諦めない心

失敗から何度でも立ち直る力

成功した人に共通する「諦めない心」というスキル

諦めない心は今日から鍛えることができる！

適切なコミュニケーションを取って、正しく考え、高い自己肯定感があっても、自分が決めた選択が間違いだったり、選択に迷ったりすることもあります。そこで、自分で決められる子になるためには、**「諦めない心」**が欠かせません。

「諦めない心」に関連して、近年注目されている**「GRIT（グリット）」**という言葉を聞いたことはないでしょうか？　GRITとは、「やり抜く力」または「粘る力」と定義されています。社会的に成功している人たちは、困難な状況に遭ってもくじけない強い心を持っているのです。

ＧＲＩＴを提唱した心理学者でペンシルバニア大学教授のアンジェラ・リー・ダックワース博士は、ＧＲＩＴについて「才能やＩＱ（知能指数）や学歴ではなく、個人のやり抜く力こそが、社会的に成功を収める最も重要な要素である」と述べています。しかも、**「ＧＲＩＴは先天的なものではなく、後天的に育てられる能力である」**とも述べているのです(1)。

また、スタンフォード大学の社会心理学者キャロル・Ｓ・ドゥエック教授の研究によると、「生まれながらおそらく元々持っていたであろう知能の方を褒められて育った子どもは、自分の能力や才能は、元々持っていた先天的能力で、自分の努力によって伸ばせるものではないと考えるようになる」そうです(2)。

一方で、**「努力した過程や努力する姿勢そのものを褒められて育った子ども**

は、**『何事も懸命に粘り強く頑張ればいつかきっと習得できる』と考えるようになる」**と結論づけています。

これは、自己肯定感にもつながる大切な考え方です。

第3章で述べたように自己肯定感が高い場合は、精神的な安定につながり、ストレス耐性も高い傾向があるため、結果としてストレス由来の疾病リスクの低下にもつながります。

つまりGRITは、成功した人が持っている確率が高く、精神的・肉体的メリットが多く、後天的に身につけられる「いいことずくめ」な能力なのです。

肝心の「GRIT」という言葉自体の意味もご説明しましょう。

GRITとは以下の4つの言葉の頭文字から構成されている概念です。

- Guts（度胸）：困難なことに立ち向かう

- Resilience（復元力）：失敗しても諦めずに続ける
- Initiative（自発性）：自分で目標を見据える
- Tenacity（執念）：最後までやり遂げる

どうやら、この４つの力を高めていくことでＧＲＩＴは鍛えられるようです。

ここからは具体的かつ実践的な方法を、一緒に見ていきましょう。

反復練習で身につく能力は
ほんの少しだけ

同じドリル
もう3回目…
3/4
6×5
12÷3
それが終わったら
次はこっちを
解いてみようか！
文章題

小さくても一歩ずつ
先に進む

「無理」と思わないメンタルは簡単に作れる

「小学3年生の息子を数か月前から塾に行かせています。最近息子が『自分は計算問題が得意だ』と自慢げに言うようになりました。初めは嬉《うれ》しく思っていましたが、よく聞いてみると同じ計算ドリルを繰り返していて、ほとんど答えを覚えてしまっているらしいのです。先生に聞いたら、『反復練習をすることで達成感を味わえ、やればできるという自己肯定感も上がるからいい方法だ』とのことだったのですが、なんだかモヤモヤします……」

「自分は計算問題が得意だ」と自分の能力を信じられることは、いい効果になっているといえそうです。ただ相談者の「なんだかモヤモヤ」する気持ちもわかります。「同じドリルを繰り返しても、できる気分を味わっているだけで、本当にできるようになっているわけじゃないのではないか?」「他のドリルをやったら解けなくて、逆に自己肯定感が下がってしまうのではないか？」相談者のモヤモヤを言語化すると、このようになるでしょう。

では、一つずつ整理していきましょう。

GRITの観点からは、**少しずつでいいから今できていることよりも難しいことに挑戦することが大切**です。今回のケースでは、G（度胸）、R（復元力）、I（自発性）、T（執念）の4つとも必要そうですね。

同じ問題やレベルが変わらない問題を繰り返した場合、自己効力感ややる気、モチベーションはいい方向に変化します。

ただし、これはあくまでも一時的なもの。「一時的であっても、いい効果があるならいいのではないか」と思われるかもしれませんが、そうではありません。長期的に見ると、簡単なことだと認識していることを大々的に褒められたり、繰り返しさせられたりすると、**「自分はその程度の価値なのだ」**と自己を

過小評価するようになる危険が潜んでいるのです。

逆に小さなステップを積み重ねることで、レベルを上げる際に子どもが「無理」と感じる先入観を抱かずに、**「できるかもしれない」「どうやったらできるだろうか」と、前向きに挑むクセをつけられます。**

また、親も小さなステップを上がろうとした過程そのものや努力自体を褒める機会が得られるのです。

小さなステップを積み重ねた結果、難しくなったことができたかできなかったかは、それほど重要ではありません。「挑戦した」という選択を子どもが自ら選んだこと、それに挑戦したという「事実」がGRITの観点からは重要なのです。

どんなに小さくてもステップアップを実感する

今回のケースの場合、「少しずつでもステップアップした」と子どもが感じられる程度に、ドリルのレベルを上げていく方がいいでしょう。

日常生活では、食事の場面でもよく使える手です。トマトやブロッコリー、にんじん、コーンなどで色とりどりに盛り付けたけれど、子どもが野菜嫌いでコーンしか食べない。こんなことってありますよね。

この場合、親としては食べずに残してしまったトマトやブロッコリー、にんじんにどうしても目がいきがちです。お皿に残っているのですから、存在感は満点です。「あー、また残して!」と言いたくもなります。

でもここは、まずはコーンが食べられたことを認めてあげましょう。次に、「コーンさんお腹の中で一人じゃ寂しいから、にんじんさんもちょっとだけ一緒に行ってもいい?」といった言葉かけから始めてみるといいでしょう。

たくさんの習い事を経験させてあげるべき?

習い事は「2個」を目安にする

半数近くの子どもが3つ以上習い事をしている

「最近、ママ友たちに子どもの習い事について聞いてみたんです。みんなたくさんの習い事をしていて驚きました。平日はすべて習い事でびっちりとか、1日に2つの習い事を掛け持ちしている子もいるみたいなんです。うちの子は週に1回のスイミングだけ。もっといろいろな習い事を経験させるべきでしょうか？」

習い事にも、GRITを伸ばすためのポイントが隠されています。
私自身、身近なママ友から子どもがたくさんの習い事に通っている話を聞いてびっくりしたことがありました。我が家と比べてしまって、「うちものんびりしていないで習い事を増やしてあげた方がいいかな？」と心配になってしまう気持ち、よくわかります。

一般的な家庭ではどのくらい習い事をしているのでしょうか。

2022年に行われた株式会社イオレによる調査では、12歳以下をアンケート対象として「通わせている習い事の数を教えてください」という質問を行ったものが発表されています(3)。

結果は、1つ：19・1%、2つ：31・4%、3つ：25・1%、4つ：13・1%、5つ以上：11・3%というものでした。

3つ以上の習い事をしている子どもが50%近くいるのです。みんな忙しくしているのだなと感じます。

「やめどき」を決めると諦めない心が伸びる

習い事とGRITの関係性を見ていきましょう。

子どもの習い事には、続けられるかどうかの問題が付き物です。「やってみたい！」と意気込んで始めること自体は、GRITを伸ばすのにいいことですが、一旦始めたものをすぐに「やっぱりやーめた」と続けなくなるようでは、GRITを伸ばすことはできません。

だからといって、「嫌だ嫌だ」と思いながらダラダラと続けても、やはりGRITを伸ばすことはできませんし、子どもの心に挫折感のみを残すことにもなりかねません。

このように、「やめどき」はとても難しい問題です。一定期間まで続けたものの、自分の中で「なんとなくしっくりこない」「手応えが感じられない」といったことに気づいた場合は、柔軟に挑戦を変えていくという姿勢も、GRITを伸ばすには同様に必要なことなのです。

ただし、次々に変えていくのではなく、「今年いっぱいは続けよう」「5年生になるまでは続けてみよう」といったように、**ある程度の条件をつけてやめどきを決めた方がGRITは高まる**といわれています。やめどきは、GRITのG（度胸）とI（自発性）に関わります。

習い事のベストは「2個」

では、「習い事の数」についてはどうでしょうか。さまざまな研究から**おすすめできる数の目安は、およそ「2個」**程度といわれています(4)。

子どもには現状を把握したり、課題や目標を設定したりする時間が必要です。多くの習い事をやっていると、その時間を確保できなくなってしまいます。次のことに挑戦するにあたって、続かなかった原因は何か、自分に足りなかったものは何かを自らに問いかける過程が、GRITの育成につながるのです。これはGRITのI（自発性）とT（執念）の部分になります。

ですから、毎日次から次へと習い事や課題に追われる日々を過ごしていると、じっくりと現状を把握したり、今後の課題や目標を設定したりする時間が足りなくなってしまうのです。

もちろん、すべての子どもにとって2個が最適な数とは限りません。習い事の種類によっては週に何日も通う必要があったり、毎日家で練習をしたりするかもしれません。**子どもが現状を把握できて、余白の時間を確保できることが大切**と覚えてください。

また、第5章でお伝えする「子どもの想像力を高める」という意味でも、**何もない時間や空間が大切な役割を果たす**ことが、カリフォルニア大学LA校の精神科教授ダニエル・シーゲル博士の研究からわかってきています(5)。そのため、たくさんの習い事や塾に忙殺されてしまうことは、おすすめできないのです。家庭の方針や子どもの自主性とよく相談し、習い事は精査して決めましょう。もし合わないと感じたら、時期を設定して方向転換する覚悟も必要です。

一歩踏み出せない
わが子が心配

「ナイストライ!」は
魔法の言葉

失敗を怖がるようになる褒め方の落とし穴

「うちの子が失敗を過度に恐れているような気がします。『失敗するならやらない方がいい』と言って、授業中にも手を挙げなくなってしまいました。昔はもっと積極性のある子だったのですが、どうしたらいいでしょうか？」

「間違えたら恥ずかしい」「バカにされてしまうかもしれない」「できないと思われたくない」など、成長過程で失敗を恐れるようになるのは生物としても自然なことです。しかし過度な方向に進んでしまうと、GRITを伸ばす上ではデメリットになってしまうこともあります。

今回は、子どもが「失敗した」と感じる心のプロセスと、その考え方を学ぶことから始めましょう。

第2、3章と続く考え方で、子どもを褒める場合には大まかに二通りの褒め方があるといわれています。

① 子どもがもともと持っている「才能」や「結果」を褒める
② 子どもが行ってきた「努力」や「過程」を褒める

①の「才能」や「結果」を褒められた場合から説明しましょう。「あなたは私に似て足が速くてすごいわね」「いつも一番でえらいわね」といったように、才能や結果を褒められると、子どもは短期的にはものすごく嬉しい気持ちになります。

しかし、「速く走れなくなってしまったら僕はすごくない」「一番になれなかったら私はすごくない」という刷り込みを与えることになってしまう場合があり、子どもが結果にこだわる一因となりかねません。一番になれなかったことを隠したり、逆に一番になれなそうな戦いには初めからチャレンジしなくなったりするのです。

②の「努力」や「過程」を褒められている場合、「結果はそれほど大事ではない」「チャレンジすることがいいことなんだ」と思えれば、失敗しようがうまくいこうが、「チャレンジ自体を褒めてもらえるならどんどん挑戦しよう」という気持ちになってくれます。これこそが、GRITを伸ばすために大事なポイントなのです。

親の先回りが子どもの諦めない心を折る

近年問題となっている「ヘリコプターペアレント」をご存じでしょうか？

我が子が困難や恐怖といった心理的ストレスを感じそうな状況を先回りして、その子の人生から一つ残らず取り払おうとする親のことを指す言葉です。こうした状況下で育った子どもは、自ら目標を達成することの意義や、勝っても負けてもありのままの結果を受け入れることの大切さを学ぶ機会を失ってしまうのです。

周囲の大人たちのこのようなふるまいが、恐ろしいことに子どものモチベーションだけでなく、子どもの脳にも影響を与えている可能性が近年の研究結果からも示唆され始めています。

2014年にメアリー・ワシントン大学の社会心理学者であるミンディ・アーチェル博士らが行った研究において、ヘリコプターペアレントのもとで育った子どもの傾向が明らかになっています(6)。

ヘリコプターペアレントのもとで育った子どもたちは、現在の生活に不満を抱きやすく、抑うつ傾向を示すことが多いのです。この調査では「親からの過干渉は、子どもの能力や独立心の発展を妨げるだけでなく、子どもの幸福感を奪い、大人になってからプレッシャーにうまく対応する力を失わせる」と報告されています。

また、2016年にフロリダ州立大学から発表されたカイラ・リード博士らの研究によると、ヘリコプターペアレントを持つ成人は、健康問題を抱える割合が高いことがわかりました(7)。常に親がそばにいて、一つひとつの食べ物、運動、就寝時間などすべての生活習慣にわたって指示してくれないと自らの体を労《いたわ》ることができず、成人しても体のケアができないということのようです。

また、2018年にミネソタ大学のニコール・ペリー博士が行った422人の子どもを対象とした8年間の追跡調査では、**干渉が多い親に育てられた子どもほど、感情のコントロールが苦手で社会性が低く、学習面で苦労する傾向がある**と報告されています(8)。

この研究では、子どもが2歳のときに両親がうるさく口出しをしたり、行動を制限したりすると、5歳のときに自分の感情や行為をコントロールできない傾向が確認されました。

さらに、5歳のときに自分の感情や行為をコントロールできる子どもほど、10歳のときに感情が安定して、社交的で学校の成績も良い傾向が認められたそうです。

これらの研究からわかるのは、親が子どもに干渉せず、挑戦する機会を与えることの重要性です。

そのためには、たとえ親が理想論だと感じても、子どもに**「結果は大事じゃない、過程が大事だ」**と何度でも口にして伝えていくようにしましょう。本人が結果を気にした報告をしてきたとしても、返答は「ナイストライ！」がおすすめです。

「すぐ帰ってくるね」小さな嘘の行方

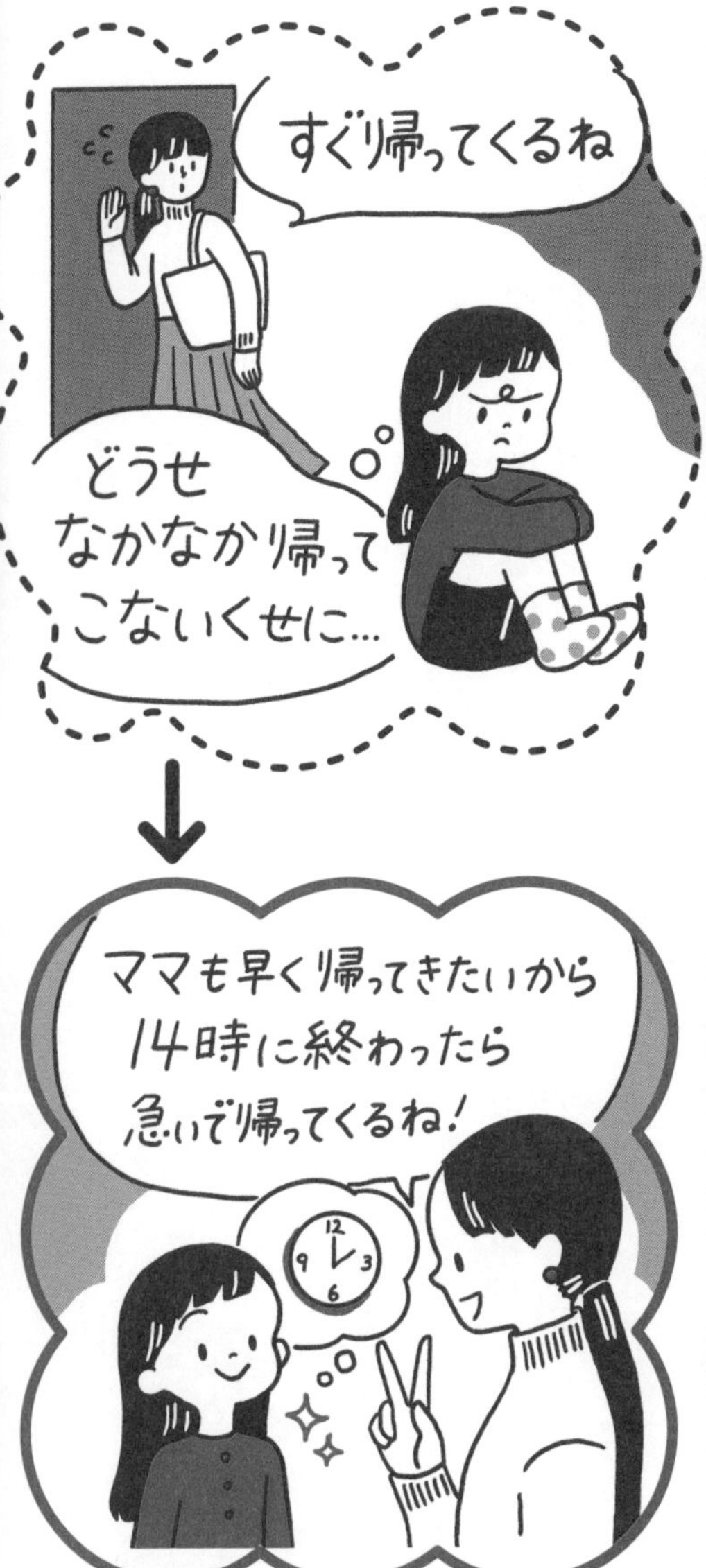

小さくても嘘は嘘 説明＋選択肢でOK

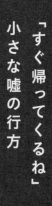

悪気のない小さな嘘が子どもの将来を危うくする

「子どもの小学校入学を機に、スーパーでパート勤務を始めました。子どもが嫌がらないように『大丈夫、すぐ帰ってくるね』と言ってから出勤していたのですが、最近は『どうせなかなか帰ってこないくせに』とボソッと返されるようになってしまいました」

これ、本当によくあるケースだと思います。無意識のうちに「泣かれたくないな」「急いでいるからゆっくり説明できないな」と思って、つい小さな嘘《うそ》をついてしまった経験はないでしょうか。

「大丈夫だよ、先生上手だから注射痛くないよー」
「今日はお菓子屋さんお休みなんだってー。お店やってないから買えないよ」

「日曜日になったら連れてってあげるねー」

こんなふうに声をかけたことはありませんか？　親からすれば、悪意のない小さな嘘。でも、子どもにとっては嘘をつく理由や大小、悪意の有無などは関係ありません。どんな嘘でも、「ママが嘘ついた」「パパに騙《だま》された」と感じてしまうのです。

小さな嘘は、子どもの将来に大きな影響を及ぼす可能性があると、近年の研究からわかってきています。

2019年に発表されたシンガポールの南洋理工大学の心理学部准教授のペイペイ・セトー博士らの研究によると、先ほど述べたような小さな嘘を例に挙げ、被験者に「親に嘘をつかれたことがあるかどうか」と尋ねました(9)。その上で「自分が親に嘘をついたことがあるかどうか」も尋ねたのです。

その結果、**子どもの頃に親に多く嘘をつかれていた人ほど、親に対して嘘を**

つく傾向が高いと示唆されました。

さらに、攻撃的だったり、規則を破りやすかったりするなど、社会的に好ましくない問題を抱えるリスクが高まる傾向も見られました。親が「このくらいなんともない」と思っている小さな嘘でも、子どもの将来に大きな影響を与えかねないのです。

小さな嘘は選択肢で言い換える

小さな嘘には「脅しめいたもの」もあります。

「(家族旅行中に)今すぐ兄弟ゲンカやめないと、旅行中止にするよ!」

「散らかしたクレヨン今すぐ片付けないと、全部捨てちゃうよ!」

こうした実行されないであろう脅しめいた発言も、子どもからは嘘と判定されます。

これは心理学用語で**「ダブルバインド」**と呼ばれる現象です。「相反するメッセージの間で板挟みになった相手が、最終的には従わざるを得なくなるコミュニケーションパターン」のことを指します。

子どもにとっては、「どうせ引き返したりしないくせに」「どうせ捨てないくせに」などと感じられてしまうのです。こうなると、親の言うことを信じられなくなり、ひいては「その場さえ取り繕えればいいんだろう」という考えさえも助長させてしまいかねません。

とはいえ、すべての発言に嘘がなく、常に正直でいることはなかなか難しいことですし、時間の余裕も忍耐も心の寛容さも必要です。

だからこそ、子どもの前では「自分の発言に責任を持つこと」「誠実さ」を心がけるようにしましょう。

忙しい日々の中、そんなに心を広く保てないという声にお応えして、今日からできる具体策があります。それが、**「正しい状況を簡潔に説明し、どんな小さなことでもいいから子どもに選択肢を与え、選ばせること」**です。

先ほどの共同研究を行ったセトー博士は、子どもに対して次のように接することを推奨しています。

①子どもの感情に寄り添って理解や共感を示す
②問題を共有し、一緒に解決策を探す
③選択肢を提示し、選択させる

③の選択肢はどんなに小さなことでも構いません。例えば、帰り道で信号が変わったら歩き出すときの一歩目を右足にするか、左足にするかのようなレベルのものでもいいのです。

今回のケースで考えてみましょう。

「すぐ帰ってくるね」

↓

「ママも早く帰ってきたいから14時に終わったら急いで帰ってくるね。今日と明日は14時までお仕事だけど、明後日はお仕事ないから、学校から帰ったら一緒に公園に行こうか？　それともお買い物がいい？」

「大丈夫だよ、先生上手だから注射痛くないよー」

↓

「針がちくっと刺さるから痛いけれど、すぐ終わるよ。右手がいいかな？　左手がいいかな？」

「今日はお菓子屋さんお休みなんだってー。お店やってないから買えないよ」

←「そうだね、お菓子欲しいね。でもお家にいっぱいあるよ。家に着いたらポップコーンにする？　チョコレートにする？」

「日曜日になったら連れてってあげるねー」

←「この動物園は少し遠いところにあって、パパもママもお仕事だからすぐには行けないけれど、次の日曜日にはA動物園かB動物園なら行けるよ。どっちがいいかな？」

このように、子どもの感情に寄り添い、正確な情報を伝えて、子ども自身に選択肢から選ばせることがおすすめです。

今日からできる諦めない心を身につける習慣

ここまで、子どもの諦めない心を伸ばすために科学的に有効な原則を紹介してきました。ここからは、発達段階別に日々の暮らしに取り入れられる習慣を世界の最新研究からご紹介します。

3〜6歳

もともと持っている諦めない心を潰さない

「危ないからダメ」は最低限に

すべての原点になる考え方があります。それは**「子どもには自ら考える力があり、対処する力もある。だからそれを信じて見守る」**というものです。

子どもは年齢に合った身体能力の中で、何ができて、何ができないのかを自分で学習していきます。立ち上がった子は、常に歩いてみようと試みていますし、歩き始めた子はなんとかして高いところに登ろうとします。その時々に届く範囲内の能力でできることをして、失敗し、時に怪我《けが》をして、学習します。

先に述べたように「ヘリコプターペアレント」と呼ばれる親の子育ては過干渉や過保護になり、子どもは年齢相応の能力でするはずだった失敗や怪我をしないで先の年齢に進むことになります。そのステップを繰り返すと、自分がどこまでならできるのか、どこまでやったら怪我をするのかを確かめずに、それ以上の身体能力を手に入れてしまうことになるのです。

例えば、3歳であれば2メートル以上の高さに一人で登ることはできないでしょう。登れてもせいぜい1メートルくらいでしょうか。登ったところから上手に降りられずに転げ落ちたとしても、3歳の体重と体の柔らかさであれば、痛くて大泣きはするでしょうが、大きな怪我になる可能性はそれほど高くはありません。

しかし、「危ないからダメ」と制止され続けて7歳になった子どもはどうでしょうか？　身体的にはもう2メートルの高さに登ることができますが、1メートルからの衝撃を知らないので、2メートルからでも躊躇《ちゅうちょ》せずに飛び下りる可能性だってあります。こちらの方が大事故につながる可能性が高いのです。

こうした前提を踏まえて、親はできるだけ少し離れたところでチラチラと見る程度で、手を出さないで学ばせてあげましょう。

7〜9歳

諦めないことは素敵なことだと気づかせる

過干渉を自覚して、小さなことから任せてみる

私たち親は、意識していてもどうしても過干渉や過保護になってしまうことがあります。意識的に過干渉から自分のマインドを引き離す訓練をしてみましょう。

私たちはどうしても「寒くない？」や「お腹すいてない？」といった言葉を「気遣い」の一環として無意識にかけてしまうことが多いように思います。ですが、これすらも本来子どもたちが自分で判断し、行動する機会を奪ってしまっていることがあるのです。

「寒くなってきたから上着が欲しい＝取りに行こう」や「そういえばお腹もす

いてきたし、暗くなってきた＝家に早く帰ろう」と子どもは自ら考え、行動できます。ですから、意識的に訓練していく必要があるのです。

そうした訓練の一環として、子どもたちに料理や洗濯を任せてみる、親なしで遊ぶ時間を作るようにする、といったことも有効です。

もちろん、安全は確保した上で取り組んでみてください。

10〜12歳

諦めない心を自分で使いこなせるようになる

子どもと一緒にできること・できないことを話し合う

２０１９年にフロリダ州立大学の研究チームとヘイリー・ラブ博士らが発表した研究により、ヘリコプターペアレントに育てられた学生ほど、学校における「燃え尽き症候群」のレベルが高いことが判明したと報告されています(10)。燃え尽き症候群は2019年にWHOも、「健康状態に影響を与える要因の一つ」と定義したほど重要な問題とされています。特定の生き方や決まった対象に向けて一生懸命努力してきた人が慢性的なストレスにさらされ続けた結果として、徒労感や虚脱感に襲われてしまい、その後の社会生活が通常のように行えなくなってしまう状況のことを指しています。過保護や過干渉タイプの親のもとで、受験や習い事などを頑張ってきた子どもに当てはまる可能性があるために、注意が必要だといわれています。

とはいえ、いきなりなんでも「自分でやってごらん」という態度に切り替えてしまうと、「親が急に冷たくなった！」と子どもの心に疎外感を植え付けてしまいかねません。**まずは、子どもがどんなことを一人でできて、どんなことをできないのかを一緒に考える時間を作ってみましょう。**そこから自分でてきることを段々と増やしていくのがおすすめです。

子どもに見られていることに自覚的になる

第4章の基本であるGRITの総まとめです。

- Guts（度胸）：困難なことに立ち向かう
- Resilience（復元力）：失敗しても諦めずに続ける
- Initiative（自発性）：自分で目標を見据える
- Tenacity（執念）：最後までやり遂げる

この4つの力がついていれば、自分の現状を把握し、困難に立ち向かい、諦めずに続けることができます。すると、自分で目標を見据え、最後までやり遂げることができ、この流れをループ状に続けることができる力がついてきます。

子どもも自分の親と他の家庭の親の対応の違いに気がついてくる年代です。この年代の子どもたちは大人が思うよりも親のことを見ています。「信頼して見守っているから自分で考えてね」という親の姿勢を子どもに見せることが何よりも大切なのです。

それがきっと子どもに伝わり、最終的には自分で考えられる子になる近道になるはずです。

(1) Duckworth, A. (2016). *Grit: the power of passion and perseverance. First Scribner hardcover edition*. New York, NY, Scribner.
(2) Mueller C.M, Dweck C.S. Praise for intelligence can undermine children's motivation and performance. *J Pers Soc Psychol.* 1998 Jul;75(1):33-52. doi: 10.1037//0022-3514.75.1.33. PMID: 9686450.
(3) https://prtimes.jp/main/html/rd/p/000000136.000030850.html (Cited 2023 Jan 18)
(4) ボーク重子『しなさいと言わない子育て』(サンマーク出版)
(5) Siegel, D. J., & Bryson, T. P. (2018). *The yes brain: how to cultivate courage, curiosity, and resilience in your child.* First edition. New York, Bantam.
(6) Schiffrin, H.H., Liss, M., Miles-McLean, H. et al. Helping or Hovering? The Effects of Helicopter Parenting on College Students' Well-Being. *J Child Fam Stud* 23(3):548-557 (2014).
(7) Reed, K., Duncan, J.M., Lucier-Greer, M. et al. Helicopter Parenting and Emerging Adult Self-Efficacy: Implications for Mental and Physical Health. J Child Fam Stud 25 (10):3136-3149 (2016).
(8) Perry N.B, Dollar J.M, Calkins S.D, Keane S.P, Shanahan L. Childhood self-regulation as a mechanism through which early overcontrolling parenting is associated with adjustment in preadolescence. *Dev Psychol.* 2018 Aug;54(8):1542-1554. doi: 10.1037/dev0000536. Epub 2018 Jun 18. PMID: 29911876; PMCID: PMC6062452.
(9) Setoh, Peipei & Zhao, Siqi & Santos, Rachel & Heyman, Gail & Lee, Kang. (2019). Parenting by lying in childhood is associated with negative developmental outcomes in adulthood. *Journal of Experimental Child Psychology.* 189. 104680. doi: 10.1016/j.jecp.2019.104680.
(10) Love, H., May, R.W., Cui, M. et al. Helicopter Parenting, Self-Control, and School Burnout among Emerging Adults. *J Child Fam Stud* 29, 327-337 (2020).

第5章

好きに突き進む情熱力

一人で成長できるようになる力

イノベーターたちが必ず持っている好きに突き進む情熱力

失敗こそが好きに突き進む原動力になる

本書で最後にご紹介する「自分で決められる子」になるための5つ目の力。それが**「好きに突き進む情熱力」**です。自分が好きだと感じ、情熱を傾けられることへの力は、どのように子どもたちの将来に影響するのでしょうか？

アメリカの臨床心理学者ジョセフ・バーゴ博士は、著書『Why Do I Do That?: Psychological Defense Mechanisms and the Hidden Ways They Shape Our

Lives』の中で、社会的に「成功者」と呼ばれる人たちを研究した結果、名声や富を熱望している場合よりも、**ただひたすら純粋に好きなことに邁進《まいしん》している人の方が社会的成功の確率がはるかに高い**と述べています。

また、ハーバード大学でテクノロジー&起業センター初代革新教育フェローを務めたトニー・ワグナー博士が、2012年に次のように語った書籍と動画が話題となりました(1)。

「これからの社会において必要な能力は**イノベーターになる力**である。与えられた仕事や事柄をこなす能力ではなく、社会・経済の環境が変化し、社会構造がどんどん変化する時代において、**新しい状況に対応して生きていく力**を持つことだ」

「新しい状況に対応して生きていく力」はどうすれば身につくのか。ワグナー博士は、**「失敗する機会を与えること」**だと言っています。

早めに「小さな失敗」ができる機会を与えられると、考えることの大切さを学べます。第4章でお伝えしたように、先回りして失敗しそうなポイントを一つ残らず取り払おうとする「ヘリコプターペアレント」として子どもと接してしまうと、この「小さな失敗をできる機会」を失ってしまうのです。

子どもも大人も失敗からは多くのことを学びます。難しいのは、「失敗に価値がある」と頭ではわかっていても、親としては失敗よりも成功を評価したくなったり、失敗して傷つかないように環境を整えてあげたくなってしまうことです。

そこで、「失敗」を「もう一度挑戦できるチャンスを得る機会」ととらえてみるようにしましょう。

3つのPで好きに突き進む心を育む

トニー・ワグナー博士は、**遊び（Play）→情熱（Passion）→目的（Purpose）の3つのPがイノベーターになる力を身につけるためには重要**と述べています。

また、3つのPは前述した遊び→情熱→目的の順番を辿《たど》ることが大事です。

遊び→情熱→目的の順を追う過程は次のようなイメージです。

①まずは、とことん遊ぶ
②遊びの中から自分の好きなものが見つかり、情熱が生まれる
③やがて自分の好きなことで社会に貢献したいという目的が生まれる

自分で決められる子になるためのラストピース

ここまでの第1〜4章までで見てきた力は、コミュニケーション力、思考力、自己肯定感、諦めない心でした。これらを「好きに突き進む情熱力」を中心に「ザリガニ釣り」を例に再構築してみましょう。

コミュニケーション力：公園で少し年上のお友だちと話して、ザリガニ釣りを見せてもらう。

思考力：ザリガニについて自分で調べたり考えたり、本を読んだりする。

自己肯定感：ザリガニについて調べる過程で、詳しくなってくればどんどん自己肯定感も自己効力感も上がる。

諦めない心：ザリガニ釣りの方法を試行錯誤し、自分なりのうまくいくやり方を導く。

最後に、好きに突き進む情熱力が機能します。ザリガニ釣りへの情熱から夏休みの自由研究のテーマをザリガニにしたり、最終的に生物や環境への興味を広げたりすることもできます。

この第5章では、好きに突き進む情熱力が大切な理由と身につけるための具体的方法について見ていきましょう。

どんどん増えていくおもちゃ 理想の所有数とは？

シンプルなもの「4個」を目安に

少ない数のおもちゃが創造性を高める

「義理の両親が、頻繁に新しいおもちゃを持って遊びに来るので、リビングがおもちゃで埋め尽くされてしまいそうです。おもちゃって、こんなにたくさん与えていいのでしょうか？」

発達や知育を考えて、どんなおもちゃを与えたらいいだろうかと日頃から考えている方も多いですよね。そんな方にとっては、おもちゃを持って遊びに来てくれる義理のご両親の気持ちはありがたいけれど、どんどん新しいおもちゃを買い与えられてしまうと、モヤモヤしてしまう。その気持ち、よくわかります。

「おもちゃの数」には、興味深い研究結果があります。

トレド大学のアレクサ・E・メッツ博士らの研究チームが2017年に発表した論文によると、子どもたちがおもちゃで遊ぶときには、**おもちゃの数が少ない方がより創造的にふるまう傾向がある**そうです(2)。

実験では36人の幼児が2パターンの遊び場に分けられます。一つは、おもちゃが4個ある遊び場。もう一つは、おもちゃが16個ある遊び場です。そこで子どもたちは、一人で30分間遊ぶように伝えられるのです。研究者たちは、実験に参加した36人の幼児たちの遊びにおける活動内容の数と創造性を計測しました。

その結果、16個のおもちゃで遊んだ子どもよりも、4個のおもちゃで遊んだ子どもの方が創造的要素が高く、1個ずつのおもちゃで長く遊び続けることがわかりました。

つまり、子どもたちは与えられたおもちゃの数が少ない場合は、一つのおもちゃであっても別の遊び方を見つけ、新しいおもちゃであるかのように長時間遊ぶことができたのです。

好きを見つけるなら、シンプルなおもちゃをほんの少し

この結果を踏まえて、今回のケースを見てみましょう。

自分から何かを創造する力を育むためには、おもちゃの数は少ない方が良さそうです。子どもはもともと自分で何かを作り出す能力を持っています。それを「そっと手助けしてあげる」くらいのシンプルなおもちゃが少しあればいいのではないかと思います。

また第5章の初めでお伝えしたように、好きを見つけて追求する力を発揮できるようになるためにおすすめなのは3つのPです。

3つのPとは、遊び（Play）→情熱（Passion）→目的（Purpose）でしたね。おもちゃの数と創造性は、最初のPである「遊び（Play）」に関わります。遊びの中から次の情熱を見つけるためには、おもちゃを用いて想像力を呼び覚ますことが最初のステップになります。

まずはシンプルなおもちゃを4つ程度吟味することから始めてみるのがおすすめです。

ただし、先の研究結果を解釈する際に注意してほしいことがあります。

この研究結果は「少ないおもちゃで遊ぶべきである」と言っているわけではなく、「子どもたちは少ないおもちゃで遊ぶ状況の方が、より創造的に遊びを行う可能性が高い」ということを示しているだけなので、注意してください。

創造力を持って遊べること、これが後に好きに突き進む情熱力になる可能性があるのです。おもちゃの数に続いて、種類についても見ていきましょう。

おもちゃの種類が想像力を左右する

子どもの想像力を信じてあげる

最新研究が導いたおもちゃの最適解とは？

「おもちゃの種類で悩んでいます。知育にいいと聞いて、シンプルな積み木や装飾のないブロックなどを子どもに買い与えてあげようかと思ったのですが、おもちゃ屋さんには色とりどりのキャラクターもののセットのおもちゃが並んでいて、こっちの方が子どもは喜ぶかと迷ってしまいます」

最近のおもちゃって、すごくよくできていますよね。アイスクリーム屋さんセットであれば、コーンやカップ、ショーケースまで小物が精巧に作り込まれていて、完璧なごっこ遊びを体験できます。

私たちが子どもの頃のおもちゃは今ほど精巧にはできていませんでした。それでも、私たちはごっこ遊びに夢中になっていたはずです。

一方、知育にいいといわれる木のおもちゃや装飾のないブロックなどは、こうした立派なおもちゃと対極にあるように思えます。子どもの想像力と創造力を伸ばす上では、どちらがいいのでしょうか？

日本知育玩具協会では、知育玩具とは「①長く遊べる良質な玩具であって、②遊びを通して自然の法則を学び、③生涯必要となる集中力、意欲、社会性、創造力、やり抜く力を身につける、文化的価値のある玩具」と定義しています（番号は筆者による）。この定義に則《のっと》って玩具について考えてみましょう。

おもちゃにキャラクターがついていたりすると、短期的には子どもは大喜びします。しかし、子どもが気に入るキャラクターは、多くの場合発達段階によって変化します。おもちゃそのものではなく、「キャラクターが好きじゃなくなった」という理由で飽きてしまう可能性があるのです。長く遊べるおもちゃという観点からは、キャラクターものでは条件を満たすことができません。

また、量販店に並んでいるおもちゃの多くは、遊び方が決まっています。先ほど例に挙げたアイスクリーム屋さんセットであれば、ケーキ屋さんごっこやパン屋さんごっこはできないようになっており、用途に合わせたおもちゃを買い足す必要があります。このタイプのおもちゃは、遊びの準備段階でショーケースの中に並べるものの配置まできっちりと説明書に書いてあるため、子どもの創造性や自主性を発揮する余地が全くないのです。

これらを踏まえると、**おもちゃは使用用途の限られていない、想像力によって何にでも見えるもの、創造力によって何にでもなるもの**がおすすめです。

大きさも種類も揃《そろ》っていない葉っぱが目の前に並べられた光景をイメージしてみてください。きっと子どもたちは思い思いに遊び始めるはずです。大きな葉っぱをお皿に見立て、細長い葉っぱを細かく千切って「これはラーメン」と言い、子ども同士で小さな葉っぱをお金に見立ててラーメン屋さんごっこを始めるでしょう。これが3つのPの遊び（Play）から情熱（Passion）に続く矢印にあたると考えればわかりやすいでしょうか。

子どもたちにはもともと豊かな創造力も想像力も備わっているのです。

公園で何をしたら
いいかわからない

公園には
手ぶらで行って！

公園は「何かをしなければいけないところ」ではない

「子どもを連れて公園に行くようにしています。でも『今日はフリスビーしようか』とか『バドミントンの道具持っていかないと遊ぶものないね』というふうに、どうやって遊ぼうか悩んでしまい、それだけで疲れてしまいそうです。何かいいアイデアはありませんか？」

「この考え方の何が疲れてしまうのか」から考えていきましょう。

まずは、頭の準備体操です。あなたが子どもと公園に行くとして考えてください。次の質問への答えを考えてください。

① 公園に行って何をしようと思っていますか？

② そのために何か必要なものがありますか？

①の質問、どう答えましたか？

「遊具で遊びたい」「発達に大事だと本で読んだから行って何かさせたい」「運動不足だから走ってほしい」などの答えが出てきたかもしれません。

この質問、難しく考える必要は全くないのです。おすすめの答えは**「何をする予定もない」**。これでいいのです。詳しくは後述します。

②の質問はどうでしょう？

今回のケースのように、フリスビー、バドミントン、ボール、敷物などが思い浮かんだかもしれませんね。公園にはどんな遊具があるのか、お弁当を持っていった方がいいのかなども気になるかもしれません。

これもおすすめの答えは、**「何かをしに行こうと思わなくていい」**です。

世界の美しさを感じよう

そもそも公園とは、何かをしに行く場所ではなく、決められた遊びや決められた行動のないところから何を感じ取れるか、感じ取ったものから何ができるかを考える大事な場所なのです。

世界的に有名な作家で生物学者であるレイチェル・カーソンは、著書『センス・オブ・ワンダー』（新潮社）の中で、こう書いています。

「美しいものを美しいと感じる感覚、新しいものや未知なものにふれたときの感激、思いやり、憐れみ、賛嘆や愛情などのさまざまな形の感情がひとたびよびさまされると、次はその対象となるものについてもっとよく知りたいと思うようになります。」

また、こうも書かれています。

「子どもたちの世界は、いつも生き生きとして新鮮で美しく、驚きと感激にみちあふれています。残念なことに、わたしたちの多くは大人になるまえに澄みきった洞察力や、美しいもの、畏敬すべきものへの直感力をにぶらせ、あるときはまったく失ってしまいます。もしもわたしが、すべての子どもの成長を見守る善良な妖精に話しかける力をもっているとしたら、世界中の子どもに、生涯消えることのない『センス・オブ・ワンダー＝神秘さや不思議さに目を見はる感性』を授けてほしいとたのむでしょう。」

これが第5章のテーマ、好きに突き進む情熱力を育むことにつながります。

今日から、「何をして遊ぼうか」と子どもに聞かないであげてほしいのです。

「何をして遊ぶか」を聞かれると、子どもは「何か目的のある遊びでなければいけないのかな？」と感じてしまうかもしれません。子どもにとっては、乾いた葉っぱを踏んだときの音と濡《ぬ》れている葉っぱを踏んだときの音の違いだけでも十分遊べてしまうのです。色の違う葉っぱを集めて、大金持ちごっこをしてみたり、形の似た虫を見つけて「親子なのかい?」と尋ねたりする。これだけでいいのです。

ですから、親が何かを頑張って準備してあげる必要もありませんし、むしろ頑張らなくていいのです。

必要なことは、大人が失ってしまったかもしれない「センス・オブ・ワンダー」の世界を、一緒になって新鮮な気持ちで、驚いてあげることだけです。

子どもができないことばかり
気になってしまう

日々に落とされた
「好きの種」を探す

弱みを見てしまうのは「脳のクセ」のせい

「子どもの進路に悩んでいます。願書を書くために子どもの長所と短所を考えるのですが、私自身に受験のプレッシャーがかかっているのか、短所ばかりが気になってイライラしてしまいます」

１４３ページでこの短所に目がいってしまう脳の特性を、「ネガティビティバイアス」としてお伝えしました。

人間の脳はネガティブな情報ほど記憶に強く残ってしまう、優先的に上書きしてしまう、という「脳のクセ」であるとお伝えしましたね。今回のテーマではこの「ネガティビティバイアス」を認識した上で、子どもの強みとなる長所を伸ばす方法について考えていきましょう。

ネガティビティバイアスは、生き物としての本能に基づいています。「あの場所で失敗した」「ああやったら敵に見つかってしまった」といった生きるか死ぬかに関わるようなネガティブな事象を強く記憶するための脳の回路による思考のクセです。

現代社会においては、命に関わるほどのネガティブに対して発動しているというよりは、日常のささやかな失敗がとても大きく感じられてしまうという「ありがたくない機能」を担ってしまっています。

幸福度を大きく左右する最先端の子育て法

それでは、ネガティブの反対であるポジティブ、つまり強みの方にフォーカスを当ててみる思考回路はどうでしょうか？

これは近年提唱されている**「ストレングス・ベースド・ペアレンティング」**

という手法です。文字通り、強みに着目した子育て方法のことです。

簡単にいえば、「自分の子どもの得意なことの方向性を早く見つける」「苦手かもしれない方向性については気にしない」というスタンスの考え方です。

この考え方の強みは、**ありのままの自分を受け入れる自己肯定感も、得意なことを自分の能力で進められるという自己効力感も、どちらも満たすことができる**点にあります。具体的には次の3ステップで取り入れられます。

①子どもの強みを知る
②子どもにわかりやすく強みを伝える
③強みを使わせてみる

この手法を使った場合の興味深い研究結果として、メルボルン大学教授のリー・ウォーターズ博士がまとめた論文でも紹介されています(3)(4)。自分の強みを知らない人の幸福度を1とした場合、自分の強みを知っている人は、知らない人に比べて幸福度が9・5倍になり、自分の強みを実際に生活に活用している人は、活用していない人に比べて19倍も幸福度が高い可能性が示唆されたのです。

つまり、**子どもに強みを知らせ、使わせるだけでも、子どもの幸福度が大きく高まるのです(5)。**

強みのもとになる「好きの種」を見つけよう

まずは強みを見つけることですが、何を好きだと思い、得意になるかは全くの未知数です。**ポイントは、広く浅くいろいろなものに触れること。**

そのためには、テレビやYouTubeなども有効です。デメリットが語られることも多いメディアですが、**強みのもとになる好きを見つけるためにはいい方法**です。きちんと家族内で使用時間や方法についてのルールを話し合った上で活用できればとても有用です。

もしかしたら、YouTubeでたまたま見かけたマイケル・ジャクソンに衝撃を受けてダンスにのめり込み、ブロードウェイの舞台に立つことになるかもしれません。好きの種はどこに落ちているかわかりませんから、注意深く見てあげましょう。YouTubeを見せている間、大人にとっては束の間の自由時間に思えるかもしれません。その気持ちはよくわかりますが、好きの種が落ちている可能性も頭の片隅に置きながら、適度に様子を見守ってあげたいですね。

そうはいっても大事な時期になればなるほど、短所に目がいってしまい気になって仕方がないという気持ちもよくわかります。

そういうときは、思い切って一旦子どもから離れましょう。トイレに行って好きなアロマオイルを垂らして、5分間一人になって好きな動画や本を読むと落ち着くかもしれません。**大事なことは、イライラした瞬間に取り返しのつかない心の傷を負わせるような一言を子どもに言ってしまわないようにすることです。**これだけは避けたいですから、5分くらいどこかに避難しても何も後ろめたく思う必要はないのです。

今日からできる好きに突き進む情熱力を伸ばす習慣

ここまで、子どもの好きに突き進む情熱力を伸ばすために科学的に有効な原則を紹介してきました。ここからは、発達段階別に日々の暮らしに取り入れられる習慣を世界の最新研究からご紹介します。

3〜6歳

好きの傾向がわかってくる

子どもの選択を否定しない

子どもの「好き」を信じましょう。例えば、晴れた日にどうしても長靴を履きたがる子だっているでしょう。「変に思われるかもしれない」「ちゃんとしてない母親だと思われるかもしれない」そう思ってしまいがちですよね。でも、そうした発想自体が子どもを信頼してあげられていないことの裏返しかもしれません。

子どもが「長靴が好きで、どうしても履きたい」と言うのなら、それでもいいのです。履かせてあげましょう。

「そうだね、素敵だね。それで行こうね」と親から言ってもらえると、子どもにとっては、「自分の好きなことは素敵なんだ」「自分の考えは認めてもらえるんだ」と感じられます。この思いが、好きに突き進むことを恥ずかしがらない強い心の原動力になるはずです。

ちなみに、我が家では子どもが気に入った2着の服しか着てくれない時期がありました。周りのお母さんたちからは、「きっとあの子はお洋服を買ってくれないかわいそうな家の子なんだ」と思われていたかもしれません。実際はそうであろうがなかろうが、「子どもにとっていいことをしている」と思って、胸を張って乗り切りましょう。

遊具ができるだけないところに連れ出す

何もないところこそ、その子がどんなものを見て、聞いて、触れて、どう感じて、何をしたいと思うのかを観察する絶好の機会になります。驚くほど長い時間ずっとアリの巣を見続ける子もいるでしょう。葉っぱの間の光の形の変化が気になってずっと見ている子もいるでしょう。一生懸命どんぐりを探す子だっているると思います。

そんなときはチャンスです。**子どもが何をするのか観察してください。**スマホのカメラもしばらくは忘れてください。「この子ってこれを見てこんな反応するんだ」という新しい発見がきっとあるはずですよ。

リビングに本棚を置く

日頃から子どもの視界に入るところに本棚を置いておくと、何もない広場や公園から帰ってきた後などに、絶大な威力を発揮します。親から「あれ調べてみようか」と声をかけるのではなく、**子どものスイッチが入って手に取るまで待ってみましょう。**

なかなか興味を示さない期間が続くかもしれません。それでも、いつかきっと自分で見つけた「好き」について調べ出すときが来ます。本棚には、図鑑や百科事典などをそっと置いておくのがいいですね。

7〜9歳

好き&楽しいことに出会える機会を増やす

子どもの好きを否定しない

例えば、親が虫を大の苦手だと思っても、できればそれに共感を求めないであげてください。子どもが虫に興味を持ち出したときに、大好きなお母さんが「気持ち悪いから見せないで！」と拒否してしまうと、子どもは虫への好きの気持ちを封印してしまうことがあるのです。

子どもの「大好きスイッチ」がどこにあるかわからない以上、親からその子の好き嫌いに影響を与えてしまうような発言はしないように心がけてあげましょう。

命令形をやめて「〜したらどうかな？」にする

子どもがコップになみなみ注いだ麦茶を運んでいるところを見かけたとします。思わず「そんなにたくさん入れないで！　こぼすでしょ！」と言いたくなりませんか？　こうした命令形の言葉かけは、コントロール型の子育てをしている傾向がある場合に出てきてしまう現象であるといわれています。

そこはぐっと堪《こら》えましょう。子どもにも何か考えや言い分があるかもしれません。「そんなにたくさん入れてどうしたの？　びっくりしたよ」と笑い飛ばせるくらいの余裕があるといいですね。

……とはいえ、現実にはなかなか難しいですが、命令形の言葉かけを続けられ、自分が良かれと思っていたことを頭ごなしに否定される経験が続くと、やがて子どもは自ら考え動くことをやめてしまうといわれています。

お茶の水女子大学名誉教授の内田伸子先生は**「共有型しつけ」**と**「強制型しつけ」**という概念で説明しています。

共有型しつけをしている親は、「洗練コード」で話していることがわかりました。洗練コードとは、「靴下履いたら？　足が冷たくなくなるよ」といったように、提案型の話し方を指します。

一方、強制型しつけは「靴下履きなさい！」というように命令形で話します。命令形のコミュニケーションでは、子どもの好きは育ちません。

共有型しつけでは、3H（ほめる・はげます・（子どもの視野を）ひろげる）の言葉かけが多いといいます。

一方、強制型しつけでは、考える余地がないため、やがて子どもは親の指示を待ち、顔色をうかがうようになります。

子どもが「自分の好きを受け入れてもらっている」と感じられるような接し方ができるように、**まずは命令形をやめて、語尾は「〜したらどうかな？」に**

変えてみるところから始めましょう。子どもが自分で決めている感覚を味わえれば、好きに突き進む情熱力になりますよ。

子どものアートを無条件に受け入れる

子どものアートって独特ですよね。うまいか下手なのかは全くもって謎に包まれています。でもその子が楽しそうに描いていることや、嬉《うれ》しそうに作っている感じは私たちにも伝わります。アートの良し悪しはさっぱりわからなくても、本人がいきいきと取り組んでいるかどうかはわかります。

親としては、途中でどうしても「何描いているの？」とか、「わー、かわいい犬だね」などと言いたくなってしまうでしょう。でも、実はここはぐっと我慢して何も言わずにそっと見守るようにしましょう。「何描いているの？」と聞かれると、子どもは「何か意味のあるものを描かないといけないのかな？

見えているものじゃないと描いちゃダメなのかな」と感じてしまう可能性があるのです。ただ楽しくて、色を混ぜてみたくて、筆の感触が楽しくて、それだけのために描いているときだって立派なお絵描きなのです。

まずは「わー!」と驚いてあげる。それだけで十分です。驚いた後に黙っていればきっと子どもの方から何をしていたのか、何がしたかったのか、どう感じたのか、話してくれるはずです。

またAIの力がますます加速していく現代において、人間の脳が行うパターン認識の能力に再び注目が集まっており、ジョンズ・ホプキンス大学メディカルスクールの教授で脳科学者のマーク・パトソン博士が「人類の叡智《えいち》の根源は、人間の持つパターン認識能力にある」と言っているくらい、重要な能力です。

ですからこのパターン認識の訓練のためにも、一つの絵を何もフィルターのかかっていないまっさらな目で見て感じることはとても重要なのです。

10〜12歳

信頼をベースに自由を与える

ゲーム、アニメ、漫画……まずはとことんハマらせる

小学校高学年になると、ゲームやアニメ、漫画などとの付き合い方が難しくなってきます。ご家庭によっては時間の制限などのルールを決めているかと思いますが、ルールで縛りつけすぎるのも考えものです。

人間は頭ごなしに否定されると、どうしても反発したくなります。これは**「心理的リアクタンス」**という現象です。1966年にカンザス大学名誉教授であるジャック・ブレーム博士が提唱した心理学理論で、人は自分が自由に選択できると思っていることに対して制限や強制をされてしまうと、抵抗や反発感情が生じるというものです(6)。親から「早く宿題やりなさい！」と言われ

て、途端にやる気がなくなってしまった経験はありませんか？　あのときの心の動きこそが心理的リアクタンスです。

ですから、ゲームもアニメも漫画も、**子どもが自分でコントロールしたいという気持ちを尊重している姿勢を見せないと、そもそも話し合いにならない**のです。親としてはやりたい気持ちは知っていて、それを尊重している。いつやるかは自分で決めていい。ただし、ルールは決めようという方向性で話を持っていく。この方法が今のところ一番有効な道だといわれています。

しかもこのゲームやアニメや漫画、好きを見つけることやとことんハマらせるという点に関しては、強いアドバンテージを持っています。これらをきっかけにひょんなところから、人生を懸けて挑めるような何かを子どもが見つけてくる可能性もあるのです。まんざら捨てたものじゃないなとも思うのです。

(1) Wagner, T., & Graham, H. (2014). *Creating innovators: The making of young people who will change the world.* Unabridged. Prince Frederick, Recorded Books, Inc.
(2) Dauch C, Imwalle M, Ocasio B, Metz A.E. The influence of the number of toys in the environment on toddlers' play. *Infant Behav Dev.* 2018 Feb;50:78-87. doi: 10.1016/j.infbeh.2017.11.005. Epub 2017 Nov 27. PMID: 29190457.
(3) Waters L, Loton D.J, Grace D, Jacques-Hamilton R, Zyphur M.J. Observing Change Over Time in Strength-Based Parenting and Subjective Wellbeing for Pre-teens and Teens. *Front Psychol.* 2019 Oct 10;10:2273. doi: 10.3389/fpsyg.2019.02273. PMID: 31649593; PMCID: PMC6795758.
(4) Waters, Lea. (2015). The Relationship between Strength-Based Parenting with Children's Stress Levels and Strength-Based Coping Approaches. *Psychology.* 06. 689-699. 10.4236/ psych.2015.66067.
(5) Seligman M.E, Steen T.A, Park N, Peterson C. Positive psychology progress: empirical validation of interventions. *Am Psychol.* 2005 Jul-Aug;60(5):410-21. doi: 10.1037/0003-066X.60.5.410. PMID: 16045394.
(6) Brehm, J. W. (1966). *A theory of psychological reactance.* Academic Press.

おわりに

本書を手に取って、ここまで読み進めてくださったすべての方に心からの感謝を申しあげます。

私自身にも二人の娘がいます。本書を書いている段階で3歳と6歳ですから、私自身も母親経験値まだ6年です。

ですから、本書は「私自身の育児で子どもがこんなに立派に育ったから、ぜひこの子育て法を試してみて！」という、子どもを立派に育て上げた素晴らしい先輩ママが書く育児指南本ではありません。

私は第一子が生まれたときに、大学院の博士課程に在籍中でした。乳飲み子を片手に抱えて、大学や国立の研究所の特任研究員や客員研究員として、世界中のさまざまな論文を読む日々を送っていました。

そんな中、ちょうどハーバード大学の有名な「社会疫学」の研究者たちが新しい教科書を発表したばかりで、その日本版を出版する翻訳プロジェクトの一員に加えていただく機会に恵まれました。このことが、主に医学研究を行っていた私が、社会学、教育学、経済学にまで興味を広げるきっかけとなったのです。

私の担当は社会疫学の歴史を振り返る章でした。

「ペリー就学前プロジェクト」と呼ばれる「質の高い幼児教育はプログラムの費用1ドルあたり約7・16ドルのリターンが見込める」という研究でした（現在も追跡調査が継続中。母集団が小さいことなどから賛否もさまざまですが、ノーベル経済学賞受賞のジェームズ・ヘックマン教授の研究です）。

ずっと医学研究に携わっていた私は、それまで別々の分野だと思っていた医学、社会学、教育学、経済学の研究範囲の意外な近さと、研究が実生活に直結する面白さに驚き、その結果、関連分野の研究論文を年間500本読むようになるのです。そして、「このものすごく面白く、生活に直結した社会疫学という分野をなんとかみんなにわかりやすくシェアする方法はないだろうか」と考え始めたのでした。

「はじめに」にも書きましたが、多くの方は「子どもには幸せになってもらいたい」と漠然と願っていると思うのです。

「親が子どもを幸せにする方法」は、人類の普遍的なテーマです。その答えはそう簡単に導き出されるとは思いませんが、どうやら科学の世界では、子どもを幸せにする方法はわかっていないけれど、「子どもが幸せだと感じる方法」は少しずつ明らかになってきているようなのです。

そして、そのキーワードとなるのが本書のテーマである「自己決定」です。

そう言われれば確かに、思い当たるところはあるのです。いわゆるイヤイヤ期のとき、玄関で靴を履いてほしいのに、「いや！　これじゃない！」と言って靴を履いてくれないことがありますよね。そんなときは、玄関中の靴を全部並べて、「さぁ、好きな靴を選びたまえ！　ママのヒールだってパパの長靴だっていいぜ！」なんて言ってあげられれば、最終的にはそっちの方が早いことだってあります（ただし、時間と心に余裕があるときに限る笑）。

なかなかやれることではありませんが、「やってあげたら喜ぶかな？」と思える選択肢が心のどこかにある。それだけで、まずは十分なんだと思います。だってみんな頑張っていますから！

えらそうにこんな本を書いていますが、私自身二児の母として、医師として、研究員として、目まぐるしい毎日を送っています。

そんな日々を支えてくれているのが、本書のもとになっている、世界中の科学者たちが探求している信頼度の高い情報です。

私と同じように時間がない中でも、必死で子どもたちと向き合っていたいと頑張っている保護者の方に、少しでもヒントになったり、力になったりできたら、こんなに嬉《うれ》しいことはないです。たくさんの子どもたちが、自分で決めることの楽しさと嬉しさを、当たり前のように手にできる未来が広がっていることを切に願います。

最後になりましたが、私一人の力では決してここまで辿《たど》り着くことはできませんでした。

温かく優しい眼差《まなざ》しと言葉で寄り添ってくださったサンマーク出版の担当編集・尾澤佑紀さん、本気なのかジョークなのか全くわからない鋭すぎる視点で的確なアドバイスをいつもくださる長倉顕太さん、太陽のようなキラキラした眼差しで応援してくださる原田翔太さん、そして仲間のみんな。いつもへっぽこな母親としての私に、こっそり明日の学校の持ち物などを連絡してサポートしてくれるママ友のみんな。臨床や研究でいつも一緒に働いて助けてくれているみんな。天国の父&私の破天荒ももう慣れっこだろう母と弟。書ききれないお世話になったすべてのみなさまに大きな大きな感謝を。

そして何より、バタバタの日々も一緒に笑いながら楽しんでくれる(くれていると信じている)明るくて優しい二人の大好きで大切な娘たち&いつも穏やかに優しく見守ってそっといろいろなことをサポートしてくれる(気づいているよ!)夫に、ありったけめいっぱいの愛とありがとうを込めて!

2024年3月6日　柳澤綾子

ブックデザイン　喜來詩織（エントツ）
企画協力　長倉顕太、原田翔太
イラスト　もね
DTP　アルファヴィル
校正　株式会社ぷれす
編集　尾澤佑紀（サンマーク出版）

柳澤綾子

（やなぎさわ・あやこ）

医師、医学博士。東京大学医学系研究科公衆衛生学客員研究員、国立国際医療研究センター元特任研究員。麻酔科専門医指導医。東京大学大学院医学系研究科博士課程修了。公衆衛生学を専攻し、社会疫学、医療経済学およびデータサイエンスを専門としている。15年以上臨床現場の最前線に立ちながら、大学等でも研究し、海外医学専門誌（査読付）に論文を投稿。年間500本以上の医学論文に目を通し、エビデンスに基づいた最新の医療、教育、子育てに関する有益な情報を発信している。自らも二児の母であり、データに基づく論理的思考と行動を親たちに伝える講演や記事監修、執筆なども行っている。『世界一受けたい授業』『J-WAVE TOKYO MORNING RADIO』『VERY web』など、メディア出演、連載記事執筆多数。現在は株式会社Global Evidence Japan代表取締役として、母親目線からの健康と教育への啓発活動も精力的に行っている。著書に『身体を壊す健康法』（Gakken）がある。

自分で
決められる子になる
育て方ベスト

2024年3月10日　初版印刷
2024年3月20日　初版発行

著　者　　柳澤綾子
発行人　　黒川精一
発行所　　株式会社サンマーク出版
〒169-0074
東京都新宿区北新宿2-21-1
(電)03-5348-7800
印刷・製本　中央精版印刷株式会社

ISBN978-4-7631-4117-0 C0030
ホームページ https://www.sunmark.co.jp